essentials

Essentials liefern aktuelles Wissen in konzentrierter Form. Die Essenz dessen, worauf es als „State-of-the-Art" in der gegenwärtigen Fachdiskussion oder in der Praxis ankommt. essentials informieren schnell, unkompliziert und verständlich.

- als Einführung in ein aktuelles Thema aus Ihrem Fachgebiet
- als Einstieg in ein für Sie noch unbekanntes Themenfeld
- als Einblick, um zum Thema mitreden zu können.

Die Bücher in elektronischer und gedruckter Form bringen das Expertenwissen von Springer-Fachautoren kompakt zur Darstellung. Sie sind besonders für die Nutzung als eBook auf Tablet-PCs, eBook-Readern und Smartphones geeignet.

Essentials: Wissensbausteine aus den Wirtschafts, Sozial- und Geisteswissenschaften, aus Technik und Naturwissenschaften sowie aus Medizin, Psychologie und Gesundheitsberufen. Von renommierten Autoren aller Springer-Verlagsmarken.

Oliver D. Doleski

Utility 4.0

Transformation vom Versorgungs- zum digitalen Energiedienstleistungsunternehmen

Oliver D. Doleski
Ottobrunn
Deutschland

ISSN 2197-6708 ISSN 2197-6716 (electronic)
essentials
ISBN 978-3-658-11550-0 ISBN 978-3-658-11551-7 (eBook)
DOI 10.1007/978-3-658-11551-7

Die Deutsche Nationalbibliothek verzeichnet diese Publikation in der Deutschen Nationalbibliografie; detaillierte bibliografische Daten sind im Internet über http://dnb.d-nb.de abrufbar.

Springer Vieweg

Gedruckt auf säurefreiem und chlorfrei gebleichtem Papier

Springer Fachmedien Wiesbaden ist Teil der Fachverlagsgruppe Springer Science+Business Media
(www.springer.com)

Was Sie in diesem Essential finden können

- Konstituierung eines grundlegenden Verständnisses von Utility 4.0
- Präzision wesentlicher Anforderungen der digitalen Transformation im Energiesektor
- Übersicht profitabler Betätigungsfelder digitaler Energiedienstleistungsunternehmen von morgen
- Vorschlag einer anwendungsorientierten Methode zur Realisierung von Geschäftsideen
- Beschreibung eines intuitiv verständlichen Leitfadens zur praktischen Umsetzung der Transformation vom Versorgungs- zum digitalen Energiedienstleistungsunternehmen

Inhaltsverzeichnis

Über den Autor

Oliver D. Doleski ist branchenübergreifend agierender Unternehmensberater in den Bereichen Unternehmensführung und Prozessmanagement. Nach verschiedenen leitenden Funktionen im öffentlichen Dienst sowie beim deutschen Weltmarktführer der Halbleiterindustrie widmet er sich derzeit in der Energiewirtschaft intensiv den Themen Smart Market und digitale Transformation der Energiewirtschaft. In diesem Zusammenhang liegt sein Forschungsschwerpunkt in der Geschäftsmodellentwicklung.

Herr Doleski gestaltet als Mitglied energiewirtschaftlicher Fachkommissionen und Initiativen den Wandel der Energiewirtschaft aktiv mit. Seine in der Unternehmenspraxis und Forschung gewonnene Expertise lässt er als Herausgeber und Autor in zahlreiche Publikationen und Fachbücher einfließen.

2030: eine Zukunft ohne Energieversorgungsunternehmen?

1

Mögest du in interessanten Zeiten leben! Dieses bekannte chinesische Sprichwort – genau genommen handelt es sich ursprünglich um einen Fluch – trifft seit einigen Jahren insbesondere auch auf die deutsche Energiewirtschaft zu. Schließlich durchleben Versorgungsunternehmen heutzutage wahrlich „interessante" Zeiten. Die zunehmende Dezentralisierung der Energieversorgung und der in Deutschland gesellschaftlich gewollte Vorrang Erneuerbarer Energien gefährden zunehmend den wirtschaftlichen Betrieb konventioneller Kraftwerke. Dank der Liberalisierung drängen neue Unternehmen aus ursprünglich energiefernen Branchen in den Versorgungsmarkt. Aus Letztverbrauchern werden selbstbewusste Kunden, die ihre Elektrizitätsversorgung in die eigenen Hände nehmen und deren Loyalität zu „ihrem Versorger" zusehends schwindet. Initiativen zur Steigerung der Energieeffizienz einerseits und eine langfristig schrumpfende Bevölkerung andererseits führen zur spürbaren Abnahme der absoluten Strom- und Gasnachfrage. Während die Vertriebsmargen erodieren, müssen gleichzeitig die im Zuge der Energiewende notwendigen Investitionen in die Infrastruktur finanziert werden. Und nicht zuletzt verstärken neue Technologien, der Megatrend Digitalisierung, die fortschreitende Vernetzung und gestiegene vertriebliche Anforderungen die Komplexität von Betriebsabläufen und Systemen heutiger Energieversorgungsunternehmen immens.

Das seit Jahrzehnten bewährte und äußerst stabile Geschäftsmodell einer zuverlässig planbaren, zentralen Energieerzeugung mit anschließender Verteilung gerät immer mehr unter Druck. In energiewirtschaftlichen Fachpublikationen und Diskussionsforen geht mitunter das Schreckgespenst eines umfassenden Versorgersterbens bis zum Jahr 2030 um. So vertritt beispielsweise der US-amerikanische Soziologe und Zukunftsforscher Jeremy Rifkin in seinem 2014 erschienen Buch „The Zero Marginal Cost Society" mit Verweis auf die Entwicklungen in der Informations- und Kommunikationstechnologie (IKT) sogar die provokante These, dass angesichts der enormen Produktivitätsfortschritte in allen Technologiefeldern

© Springer Fachmedien Wiesbaden 2016

O. D. Doleski, *Utility 4.0*, essentials, DOI 10.1007/978-3-658-11551-7_1

perspektivisch Energie sogar zum Selbstkostenpreis verfügbar sein wird.[1] Eine aus Sicht heutiger Energiekonzerne, Regionalversorger und Stadtwerke bedrohliche Zukunftsvision wäre doch in einem derart strukturierten Energiemarkt jedes wirtschaftliche Engagement nach heutigem Verständnis obsolet.

Die gute Nachricht für Energieversorgungsunternehmen lautet, dass die von Rifkin unterstellte Energieversorgung zu Null-Grenzkosten (Marginalkosten) in ihrer Reinform kaum Realität werden dürfte. Zwar werden die Selbstkosten auch bei den Erneuerbaren Energien und der dezentralen Energieerzeugung im Vergleich zu heute tatsächlich weiter sinken. Dennoch ist von einer umfassenden, stabilen Energiebereitstellung ausschließlich zu Fixkosten auf absehbare Zeit nicht auszugehen. Sicher, die Sonne schreibt keine Rechnung und steht kostenfrei zur Verfügung. Ein Umstand, der auf eine Tendenz zur Null-Grenzkosten-Ökonomie im Energiesektor hindeuten könnte. Jedoch bedarf es auch in Zukunft einer umfassenden Infrastruktur zur wirtschaftlichen Nutzung regenerativer Energieträger in großem Maßstab. Sonne und Wind müssen schließlich „eingefangen", in die nutzbare Energieform Elektrizität überführt, zwischengespeichert und über Stromnetze transportiert werden. Dabei entstehen systembedingt fixe wie auch variable Kosten. Auch ist nicht jeder Gewerbe- oder Haushaltskunde aufgrund unterschiedlicher Restriktionen wie z. B. Raumknappheit, Denkmalschutz oder behördlicher Auflagen in der Lage, Energie selbst dezentral zu produzieren. Diese Verbraucher sind demzufolge auf die Lieferung von Strom aus mehr oder weniger zentralen Versorgungseinrichtungen angewiesen, deren Unterhalt regelmäßig mit Aufwand verbunden ist. Solange darüber hinaus Erneuerbare Energien ihre Leistung nicht zu jeder Zeit stetig liefern, muss die Energiebranche zusätzlich Speicher und parallele Back-up-Systeme auf Basis konventioneller Stromerzeugung unterhalten und nicht zuletzt finanzieren. Mit dem Unterhalt dieser Vorhaltesysteme entstehen neben Kosten des Anlagenbetriebs zusätzlich variable Kosten unter anderem für die Beschaffung fossiler Energieträger. Vor dem Hintergrund dieser exemplarischen Aufzählung von Kosten der Energieerzeugung liegt aus heutiger Sicht der Schluss nahe, dass eine Null-Grenzkosten-Energiewirtschaft auch über 2030 hinaus wohl eine Utopie bleiben dürfte.

Können sich etablierte Versorgungsunternehmen dank des hier unterstellten Ausbleibens einer Null-Grenzkosten-Energiewirtschaft also beruhigt in die Komfortzone klassischer Geschäftsmodelle der Strom- und Gasbelieferung zurückziehen? Gewiss nicht, wollen sie in den Folgejahren nicht ein kaum auskömmliches Nischendasein mit einer permanent abnehmenden Zahl an Bestandskunden führen. Die über Jahrzehnte erfolgreiche Erzeugung von Elektrizität aus Kohle, Öl, Gas

---

[1] Vgl. Rifkin (2014, S. 105 ff.).

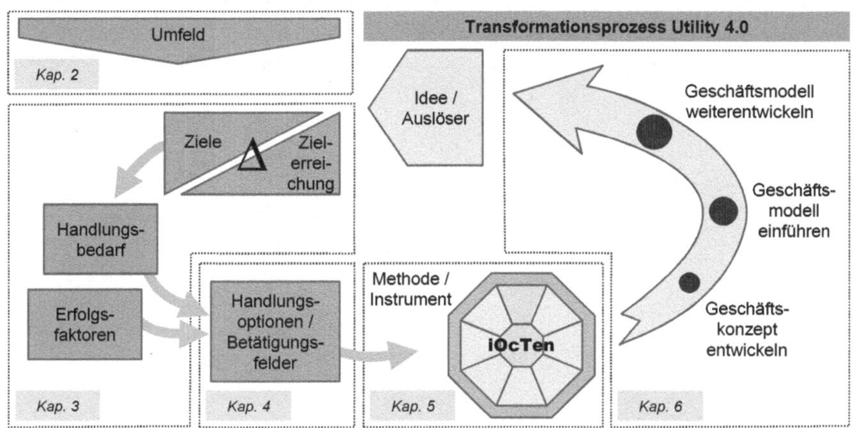

Abb. 1.1 Aufbau des Buchs: Transformation vom Versorgungs- zum digitalen Energiedienstleistungsunternehmen

und Uran verliert immer mehr an Bedeutung. Dies geschieht nicht etwa in erster Linie, weil diese Energieträger kurzfristig zur Neige gehen – Funde neuer Lagerstätten gepaart mit verbesserten Explorations- und Extraktionstechniken scheinen jedenfalls ihre Verfügbarkeit immer weiter in die Zukunft zu verlagern –, sondern weil sich bei immer mehr Verbrauchern der Wunsch, Energie nachhaltig zu erzeugen, entwickelte. Unabhängig von der Frage der tatsächlichen Verfügbarkeit fossiler Rohstoffe besteht bezogen auf Deutschland gesamtgesellschaftlich Konsens darüber, dass Energie heute primär regenerativ erzeugt werden sollte. Tatsächlich wollen wir die Dinge im Energiesektor heute anders als noch vor Jahren üblich machen, schließlich endete auch die Steinzeit nicht aus Mangel an Steinen.

Niemand ist in der Lage vorherzusagen, wie der Energiesektor des Jahres 2030 tatsächlich gestaltet sein wird. Nur so viel kann als gesicherte Erkenntnis gelten: Er dürfte sich deutlich vom Status quo unterscheiden. Energieunternehmen, die früher Strom, Gas und Wärme lediglich an Letztverbraucher „verteilten", müssen heute um Kunden mit deutlich gestiegenen Ansprüchen an Produkte und Service werben. Gleichzeitig sehen sie sich durch den zunehmenden Einfluss aktueller Technologietrends wie Digitalisierung und Dezentralisierung herausgefordert. Vor diesem Hintergrund und angesichts der den Energiesektor bestimmenden Rahmenbedingungen werden sich heutige Versorgungsunternehmen deutlich ändern müssen, wollen sie langfristig überleben. Wie diese Veränderung vonstattengehen könnte, ist Gegenstand der nachfolgenden sechs Kapitel des vorliegenden Buchs. Zur besseren Orientierung veranschaulicht Abb. 1.1 den Transformationsprozess und damit den inhaltlichen Aufbau dieser Publikation schematisch.

Handlungsdruck – Rahmenbedingungen beschleunigen die Veränderungen in der Energiewirtschaft

2

Die Akteure des Energiesektors sehen sich heute einer Vielzahl regulatorischer, ökonomischer, gesellschaftlicher, technologischer und ökologischer Einflussfaktoren gegenübergestellt. Diese sind von fundamentaler Bedeutung für die Zukunft des gesamten Versorgungssystems, sind sie doch für den auf Energieunternehmen aller Art inzwischen lastenden Handlungsdruck verantwortlich. „Sie stecken den rechtlich-regulatorischen Rahmen des wirtschaftlichen Handelns innerhalb der Energiebranche ab, legen die prinzipiellen Handlungsoptionen und Freiheitsgrade aller Akteure des Energiesektors fest und determinieren in erheblichem Maße die praktische Ausgestaltung der energiewirtschaftlichen Wertschöpfung.“[1] Folglich können Entscheider in Energieunternehmen ihre Augen keinesfalls vor diesen Umfeldfaktoren verschließen, wollen sie die Zukunft ihrer Unternehmen langfristig nicht gefährden.

Um trotz der großen Palette essentieller Einflussparameter die Orientierung bei der Erschließung des energiewirtschaftlichen Umfelds nicht zu verlieren, bedarf es einer intuitiv verständlichen und eigens auf die energiewirtschaftlichen Anforderungen angepassten Gliederungssystematik. Daher erfolgt die konzentrierte Vorstellung der wichtigsten Rahmenbedingungen in Anlehnung an die PESTLE-Dimensionen nach Worthington und Britton:

- Political environment: politisch-regulatorische Umwelt
- Economic environment: ökonomische und energiewirtschaftliche Umwelt
- Social environment: gesellschaftliche Umwelt
- Technological environment: technologische Umwelt
- Legal environment: zu politisch-regulatorische Umwelt
- Ecological environment: ökologische Umwelt[2]

---

[1] Doleski und Aichele (2014, S. 5).

[2] In Anlehnung an Worthington und Britton (2006, S. 7 ff.).

© Springer Fachmedien Wiesbaden 2016
O. D. Doleski, *Utility 4.0*, essentials, DOI 10.1007/978-3-658-11551-7_2

Angesichts einer seit Jahren breit geführten Diskussion energiewirtschaftlicher Rahmenbedingungen kann nachfolgend bewusst auf eine detaillierte Darstellung aller Aspekte verzichtet werden.

Politisch-regulatorische Faktoren
Das energiewirtschaftliche Geschehen ist in besonderem Maße von politischen Eingriffen und gesellschaftlichen Entwicklungen geprägt. In kaum einem anderen Wirtschaftssektor haben sich in einer Zeitspanne von weniger als zwanzig Jahren die gesetzlichen und regulatorischen Rahmenbedingungen radikaler als in der Energiewirtschaft verändert. Den Anfang einer inzwischen langen Tradition politisch-regulativer Interventionen machte Ende der neunziger Jahre des letzten Jahrhunderts die als *Liberalisierung* bezeichnete Zerschlagung vormals monopolistisch strukturierter Versorgungsunternehmen. Zeitlich nahezu parallel zu diesem Unbundling-Prozess begann mit der Verabschiedung der ersten Novelle des Erneuerbare-Energien-Gesetzes im Jahr 2000 die systematische Förderung regenerativer Energiequellen. Spätere Novellen dieses Gesetzes bauten den *Vorrang regenerativer Energien* konsequent aus und zwangen so die Branche zu strukturellen Veränderungen entlang der energiewirtschaftlichen Wertschöpfungskette. Ausgelöst durch die Havarie des japanischen Kernkraftwerks Fukushima Daiichi setzte in Deutschland 2011 mit der sogenannten Energiewende eine Entwicklung ein, an deren Schlusspunkt wir eine Energiewirtschaft vorfinden werden, die sich beträchtlich vom jahrzehntelang Vertrauten unterscheiden wird. Vieles spricht dafür, dass sich die Versorgungsindustrie auch in Zukunft weiterhin auf Änderungen politischer Rahmenbedingungen und somit auf die Veränderung als die bestimmende Größe einer Energiewirtschaft im Umbruch einstellen muss.[3]

Ökonomische Faktoren
Dank umfassender ordnungspolitischer Eingriffe wandelte sich der ursprünglich monopolistisch strukturierte Versorgermarkt Deutschlands sukzessive in einen *liberalisierten Energiemarkt*. Waren zu Beginn der Liberalisierung um das Jahr 1998 fest abgegrenzte Versorgungsgebiete mit Bestandsschutz an der Tagesordnung, so gehören diese starren Strukturen mittlerweile der Vergangenheit an. Mit der von Politik und Regulierung systematisch betriebenen Ausdehnung des Wettbewerbsgedankens auf den Energiesektor wurde so erstmals das Feld für innovative Marktstrukturen und neuartige Marktmechanismen bereitet. Gleichzeitig verschwimmen durch den wachsenden Einsatz moderner IT-Lösungen bei der energiewirtschaftlichen Leistungserstellung zusehends die traditionellen Grenzen zwischen

---

[3] Vgl. Doleski (2014c, S. 645).

Energiewirtschaft einerseits und Informations- und Kommunikationsindustrie (IuK) andererseits. In der Folge dieser Tendenz zur *Konvergenz* unter den Branchen sinken frühere Eintrittsbarrieren des Energiemarktes besonders für technologieaffine, innovative Akteure, so dass gerade das Engagement dieser ursprünglich branchenfremden Wettbewerber seit der Liberalisierung stetig zugenommen hat – ein Trend, der sich perspektivisch deutlich ausweiten dürfte. Mit ihrem Bestreben, mittels innovativer Technologien kombiniert mit neuen Geschäftsmodellen an der energiewirtschaftlichen Wertschöpfung zu partizipieren, werden in erster Linie Telekommunikationsunternehmen und agile Start-up-Unternehmen den Energiesektor nachhaltig verändern. Gelingt diesen neuen Playern in den Folgejahren der Markteintritt auf breiter Front, so erhöht sich bei ansonsten weitgehend stabilen Verbrauchs- und Kundenparametern der *Wettbewerbs- und Margendruck* im Bereich der Strom-, Gas- und Wärmeversorgung merklich. Schließlich verschärft sich im angestammten Terrain etablierter Energiekonzerne, Regionalversorger und Stadtwerke nicht alleine der Wettbewerb um den Kunden. Energieversorgungsunternehmen sehen sich heute angesichts epochaler Veränderungen im Energiesektor darüber hinaus einem signifikant gestiegenen *Investitionsbedarf* ausgesetzt. So sind der Ausbau regionaler Verteilnetze, das wachsende Engagement in Erneuerbare Energien, der Einstieg in dezentrale Geschäftsmodelle, die Entwicklung neuer Energiedienstleistungen und der Erwerb von Strom- oder Gaskonzessionen mit erheblichem Mittelbedarf verbunden, den es bis zur vollständigen Refinanzierung durch Kundenentgelte jeweils zu überbrücken gilt.

Energiewirtschaftliche Faktoren
Nicht erst seit der Proklamation der Energiewende im Frühjahr 2011 vollzieht sich im Bereich der *Energieerzeugung* ein fundamentaler Veränderungsprozess. Beruhte noch vor wenigen Jahren die Energieversorgung Europas nahezu ausschließlich auf dem Einsatz konventioneller Großanlagen, so beginnt sich insbesondere in Deutschland diese ursprüngliche Schwerpunktsetzung zugunsten einer Vielzahl kleinerer, lokaler Erzeugungsanlagen für Strom und Gas zu verschieben. Mit der Zunahme dezentraler Einspeisungs- und Eigenversorgungsanlagen innerhalb der bestehenden Strom- und Gasnetze steigen synchron auch die Koordinationsanforderungen und die zu beherrschenden Datenmengen signifikant an. Infolgedessen ist mit der schrittweisen Substitution der anfänglich auf wenigen Zentralkraftwerken und weitgehend stabilen Verbrauchsprofilen beruhenden Energieversorgung durch *dezentrale Erzeugung* ein deutlicher Anstieg der Steuerungskomplexität und Belastung der Netzinfrastruktur verbunden. Neben diesem Trend zur Dezentralisierung zählen gerade im Bereich der Elektrizitätsversorgung die Zunahme des Volumens unsteter, regenerativer Energieformen im modernen Energiemix und

die daraus erwachsende deutliche Steigerung von Kapazitätsschwankungen im Stromnetz zu den zentralen Herausforderungen, die das Handeln heutiger Protagonisten in der Energiewirtschaft maßgeblich beeinflussen. So stehen Versorgungsunternehmen heute vor allem vor der Aufgabe, trotz zunehmender *Volatilität des Stromangebots* jederzeit ein kontinuierliches, weitgehend stabiles Gleichgewicht zwischen Stromangebot und -nachfrage sicherstellen zu müssen. Schließlich resultiert aus dem steigenden Anteil Erneuerbarer Energien im Energiesystem langfristig die Notwendigkeit zur Etablierung eines Regimes zur systematischen Anpassung der Verbrauchskurven an die Erzeugung mittels knappheitsgesteuerter Lastverlagerung. Wurde bislang immer so viel Elektrizität, wie verbraucht wurde, im Netz bereitgestellt, so muss sich im Zeitalter regenerativer Energieträger der Verbrauch mehr und mehr an das fluktuierende Energieangebot anpassen. Die Energiewirtschaft steht demnach vor einem epochalen *Paradigmenwechsel* von der verbrauchsorientierten Erzeugung hin zum erzeugungsorientierten Verbrauch.

Gesellschaftliche Faktoren

Vor allem das endkundennahe Massengeschäft von Energieversorgungsunternehmen ist vom gesellschaftlichen Phänomen des *demografischen Wandels* besonders tangiert. Sinkende Geburtenraten, die fortschreitende Alterung der Gesellschaft und der anhaltende Trend zur Individualisierung wirken sich nachhaltig auf die Kundenstruktur im Energiesektor aus. Während angesichts einer langfristig rückläufigen Gesamtbevölkerung die Kundenbasis in den kommenden Jahrzehnten insgesamt weiter schrumpfen wird, nimmt dank der eingangs erwähnten Individualisierungstendenz gleichzeitig der Anteil von Singlehaushalten zu. In der Folge verteilt sich ein rückläufiges Absatzvolumen auf immer mehr Kleinsthaushalte, so dass einerseits der relative Betreuungs- und Steuerungsaufwand im Verhältnis zur Haushaltsgröße absolut steigt und sich andererseits der „Kampf um den Verbraucher" intensivieren dürfte. Neben dem skizzierten demografischen Wandel stellt das *Verbraucherverhalten* einen weiteren gesellschaftlichen Einflussfaktor dar, der das Handeln der Akteure im Energiesektor maßgeblich beeinflusst. Seit Beginn der Liberalisierung schwindet gerade vor dem Hintergrund des erleichterten Anbieterwechsels mehr und mehr die Loyalität der Kunden zu ihren angestammten Versorgern. Allerdings sieht sich die Energiebranche heute nicht allein der beschriebenen Tendenz einer sich abschwächenden Kundenbindung und der daraus resultierenden zunehmenden Wechselbereitschaft ihrer Kunden gegenübergestellt. Waren die Kunden von Versorgungsunternehmen vor Jahren noch mit der unidirektionalen Standardbelieferung mit Strom, Gas und Wärme zufrieden, gestaltet sich das Bild inzwischen differenzierter. Heute gewinnt vor allem in den Kundensegmenten mit erhöhter Zahlungsbereitschaft zusehends das Phänomen einer anspruchsvolleren

Grundhaltung in Bezug auf Produkte und Dienstleistungen an Bedeutung. Frühere Letztverbraucher werden sich als mündige Lösungsnachfrager und Prosumer mehr und mehr vom versorgten Kunden zum aktiven Teil der Wertschöpfung und infolgedessen zu Partnern im Versorgungsgeschäft emanzipieren, die adäquate, flexible Lösungen jenseits der klassischen Energiebelieferung nachfragen – eine Tendenz, die fraglos sowohl den Betreuungsaufwand als auch die Prozess- und Systemkomplexität im Vergleich zur „guten alten Versorgungszeit" erhöht. Es bedarf keiner prophetischen Fertigkeiten um abzusehen, dass Energieversorgungsunternehmen den gestiegenen Erwartungen ihrer Kunden nur durch Änderung ihrer klassischen Geschäftsmodelle vollumfänglich gerecht werden können.

Technologische Faktoren
Neben den vorgenannten Rahmenbedingungen beeinflussen auch technische Entwicklungen wie Digitalisierung, Internet der Dinge, Embedded Systems, Konnektivität, Big Data und Cloud-Computing die jüngste Entwicklung der Energiewirtschaft nachhaltig. Ähnlich der Situation in nahezu allen Lebens- und Wirtschaftsbereichen moderner Industriegesellschaften unterliegt auch die Energiewirtschaft der mitunter disruptiven Wirkung digitaler Technologien. War in der Vergangenheit der *Innovationsdruck* im Energiesektor im Branchenvergleich eher abgeschwächt, sehen sich heutige Versorgungsunternehmen dank des *technischen Fortschritts* ebenso deutlich verkürzten Produktlebenszyklen ausgesetzt. Gerade Entwicklungen wie verbesserte Erzeugungstechniken, die fortschreitende Digitalisierung und die sukzessive Einführung von Big-Data-Anwendungen entlang der energiewirtschaftlichen Wertschöpfung verändern das Gesicht des Energiesektors. So ist bislang noch nicht absehbar, welche Konsequenzen beispielsweise für die Abrechnungsfunktionen heutiger Energieunternehmen erwachsen, wenn eines Tages PayPal, Google Wallet oder Apple Pay womöglich in die Abrechnung von Energiemengen einsteigen sollten. Auch dürften Initiativen zur Verbesserung der Energieeffizienz und die in einigen Wirtschaftssektoren zu beobachtende Verlagerung energieintensiver Produktionsteile ins Ausland, trotz des vermehrten Aufkommens der Elektromobilität, mittelfristig zu einer rückläufigen Energienachfrage sowohl der gewerblichen als auch der häuslichen Verbraucher führen. Darüber hinaus ermöglicht die fortschreitende Digitalisierung des Energiesystems eine zunehmend stabile Steuerung dezentraler Stromerzeugung und demzufolge den Aufbau großvolumiger, virtueller Erzeugungsstrukturen parallel zu den bestehenden Kapazitäten klassischer Energieversorger. Insofern werden sich Stadtwerke und Co. einem schrumpfenden Elektrizitätsmarkt ausgesetzt sehen und sich infolgedessen auf weitere Absatzverluste einstellen müssen.

Ökologische Faktoren

Nicht zuletzt tragen auch umweltpolitische Zielsetzungen wie die Abkehr von der friedlichen Nutzung der Kernenergie oder die angestrebte Reduktion anthropogener Emissionen von Kohlenmonoxid (CO), Kohlendioxid (CO_2), Stickoxiden (NOx), Methan (CH_4) und Fluorchlorkohlenwasserstoffen (FCKWs) entscheidend zur schrittweisen Umgestaltung der deutschen Energiewirtschaft bei. Die vor dem Hintergrund eines breiten gesellschaftlichen Konsenses politisch verordnete Zielsetzung der *Verringerung klimaschädlicher Treibhausgase* wird im Wesentlichen von zwei Parametern determiniert: Energieeffizienz und Einsatz umweltfreundlicher Energiequellen. Dabei wird der erstgenannte Aspekt *Energieeffizienz* durch die systematische Reduktion des absoluten Energieeinsatzes sowohl bei der Erzeugung als auch beim Verbrauch realisiert. Die Anhebung des Anteils umweltfreundlicher, emissionsarmer Energiequellen am Energiemix wird darüber hinaus durch die verstärkte Nutzung von Windkraft, Sonnenenergie und Biomasse erreicht. Für Akteure des Energiesektors resultieren aus den vorgenannten ökologischen Rahmenbedingungen weitreichende Konsequenzen und fundamentale Umbrüche wie beispielsweise rückläufiger Energiemengenabsatz und Umbau des Kraftwerksparks.

Transformation – die Energiebranche verändert ihr Gesicht 3

Nichts zu tun ist angesichts der vorgenannten Rahmenbedingungen keine Option! Einfach den althergebrachten Kurs zu halten wäre fatal. Die traditionelle unidirektionale Versorgung mit Strom, Gas und Wärme befindet sich in einer Zäsur. Energieversorger, die sich auf absehbare Zeit nicht mit einem wenig auskömmlichen Nischendasein zufriedengeben wollen, müssen ihre angestammten Geschäftsmodelle infrage stellen. Unwiderruflich vorbei sind die Zeiten geschützter Gebietsmonopole als regionale Versorgungsbiotope, in denen zwangsloyale Letztverbraucher den Energieunternehmen jahrzehntelang stabile Erträge bescherten. Während der Margendruck im Energiesektor ansteigt, belasten gleichzeitig die im Zuge der Energiewende notwendigen Investitionen die Finanzsituation vieler Versorger merklich. Der Handlungsdruck innerhalb der Branche ist evident: Energieversorgungsunternehmen müssen sich neu erfinden.

3.1 Aus Versorgern werden Utility 4.0: Transformation vom Versorgungswerk zum digitalen Energiedienstleister

Wollen Energiekonzerne, Regionalversorger und Stadtwerke auch im Versorgungsmarkt des Jahres 2030 bestehen, so müssen sie sich zwangsläufig den geänderten Umfeldparametern anpassen. Dazu bedarf es einer umfassenden, branchenweiten Veränderung – einer *Transformation* – in allen Sektoren und Phasen entlang der energiewirtschaftlichen Wertschöpfung. Vom lateinischen „transformare" für umformen abgeleitet bezeichnet der Transformationsbegriff allgemein die Überführung eines gegebenen Zustands in eine andere, neue Form. Übertragen auf den energiewirtschaftlichen Kontext werden unter diesem Terminus sämtliche Initiativen subsumiert, bei denen sich entweder die Grundlagen der Energieproduktion prinzipiell ändern oder sich ursprünglich monopolistische „Energieverteiler" zu

© Springer Fachmedien Wiesbaden 2016
O. D. Doleski, *Utility 4.0*, essentials, DOI 10.1007/978-3-658-11551-7_3

kundenorientierten Dienstleistungsunternehmen um die Versorgung der Gesellschaft mit Strom, Gas und Wärme wandeln. Schließlich tangiert darüber hinaus dieser Veränderungsprozess die operative Geschäftstätigkeit als solche, indem sich Betriebsprozesse und Angebote von Versorgungsunternehmen im Gleichklang mit der Innovationsdynamik der grundlegenden Informations- und Kommunikationstechnologie (IKT) ändern. Wurde bisher Technologie von Unternehmen vorrangig als Befähiger zur operativen Realisierung ihrer Geschäftsmodelle eingesetzt, so werden im Rahmen des als *digitale Transformation* bezeichneten Veränderungsphänomens zukünftig neue Geschäftsmodelle um die Technologie herum entstehen.

System-, Branchen- und Unternehmenstransformation
Heute besteht Konsens darüber, dass der Energiesektor seit einigen Jahren einen epochalen Veränderungsprozess durchlebt. Bei dieser Umgestaltung handelt es sich jedoch keineswegs um eine eindimensionale Entwicklung. Vielmehr erlebt die Energiewirtschaft seit Jahren eine System-, Branchen- und Unternehmenstransformation gleichzeitig.

Bei der *Systemtransformation* wird die auf den klassischen Energieträgern Kohle, Erdöl, Gas und Uran basierende Erzeugung elektrischer Energie sukzessive durch erneuerbare Primärenergiequellen wie Wind und Sonne ersetzt (Nachhaltigkeit). Begleitet wird dieser Prozess von der Abkehr von einer zentralen hin zu einer zunehmend dezentralen Erzeugungsstruktur (Dezentralität). „Ziel der gesamten Transformation ist es, den Verbrauch der drei Energiesektoren Strom, Wärme und Verkehr durch Erneuerbare Energien und Energieeffizienz zu decken."[1]

Neben dieser übergeordneten, normativen Umgestaltungstendenz auf der Systemebene verändert sich parallel auch das Erscheinungsbild der Energiebranche an sich. Bei dieser als *Branchentransformation* bezeichneten Entwicklung setzt aufseiten der Versorgungsunternehmen – Akteure, für die noch um die Jahrtausendwende Wettbewerb nahezu unbekannt war – ein Wandel in Richtung verstärkter Dienstleistungs- und Kundenorientierung ein. Während so immer mehr Energieversorgungsunternehmen den Letztverbraucher als Kunden neu entdecken, tritt gleichzeitig die traditionelle monopolistische Energieverteilung erkennbar in den Hintergrund. Erfolgt diese branchenweite Umgestaltung von der klassischen Energieverteilung zur innovativen Energieversorgung mit Zusatznutzen im konkreten, unternehmerischen Einzelfall, so liegt als dritte, mikroökonomische Ausprägung der energiewirtschaftlichen Umgestaltung eine *Unternehmenstransformation* vor.

---

[1] Gerhardt et al. (2014, S. 6).

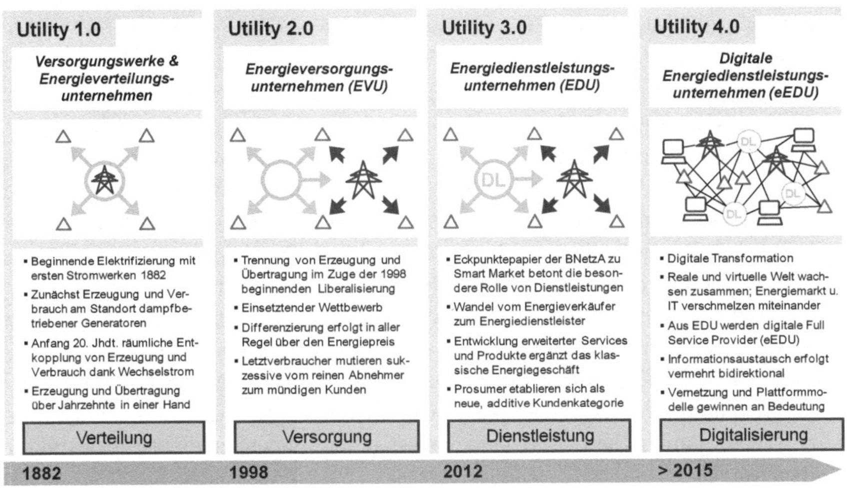

Abb. 3.1 Transformation vom Versorgungswerk zum digitalen Energiedienstleister

Aus Versorgungswerken werden digitale Energiedienstleister

Bekanntlich verändert die Energiebranche ihr Gesicht. Örtliche Versorgungsmonopole von einst sind schon vor Jahren den deregulierten Energieversorgungsunternehmen des liberalisierten Marktes gewichen. Damit endete jedoch keineswegs die Veränderung des Energiesektors. Vielmehr steht die Energiewirtschaft heute an der Schwelle einer neuerlichen branchenweiten Umgestaltung (Branchentransformation) und infolgedessen ihre Akteure vor individuellen Anpassungsprozessen (Unternehmenstransformation).

Seit Beginn des Elektrizitätszeitalters in der zweiten Hälfte des 19. Jahrhunderts hat der Energiesektor insgesamt drei Entwicklungsstufen durchlaufen und steht heute am Beginn seiner bislang letzten, vierten Phase. Dabei absolviert der Energiesektor bei näherem Hinsehen eine Entwicklung, die ausgeprägte Parallelen zur Hightech-Initiative *Industrie 4.0* in forschenden und produzierenden Wirtschaftssektoren aufweist. Während nach Dampfmaschine, Massenproduktion und Automation nunmehr die Digitalisierung die vierte industrielle Revolution einläutet, unterliegt die Energiewirtschaft ähnlichen Entwicklungsprozessen. Nach Zuteilung, Versorgung und Dienstleistung läutet auch bei Strom und Gas die *Digitalisierung* ein neues Zeitalter ein. Diesen Transformationsprozess vom monopolistischen Elektrizitätswerk zum digitalen Energiedienstleistungsunternehmen der Zukunft illustriert Abb. 3.1 schematisch. Die eingangs erwähnten vier Entwicklungsstufen sind wie folgt zu unterscheiden:

1. **Utility 1.0 – Versorgungswerke und Energieverteilungsunternehmen [bis 1998]**

   In Deutschland begann die Geschichte der Elektrizitätsversorgung im Jahr 1882, als in Stuttgart die erste Blockstation zur Erzeugung von Strom für etwa 30 Glühlampen und in Berlin die erste elektrische Straßenbeleuchtung in Betrieb gingen. Waren in der Pionierphase der Energiewirtschaft gegen Ende des 19. Jahrhunderts, die hier als *Utility 1.1* bezeichnet wird, Erzeugung und Verbrauch systembedingt noch eng an den Standort dampfbetriebener Generatoren gebunden, gelang anfangs des 20. Jahrhunderts den *Utilities 1.2* dank des flächendeckend aufkommenden Wechselstroms die räumliche Entkopplung von Erzeugung und Verbrauch. Von da an transportierten *Energieverteilungsunternehmen*[2] elektrische Energie über weite Strecken via Kabel zu den Letztverbrauchern. „Oberstes Ziel dieser Unternehmen war [...] die Sicherstellung der Versorgungssicherheit. Kunden mussten den Zugang zu dieser Infrastruktur ‚beantragen‘.“[3]

2. **Utility 2.0 – Energieversorgungsunternehmen (EVU) [bis 2011]**

   Ende der neunziger Jahre des vergangenen Jahrhunderts begann mit der einsetzenden Liberalisierung und Deregulierung für die deutsche Elektrizitäts- und Gasversorgungswirtschaft, nur wenige Jahre nach ihrem hundertjährigen Jubiläum, eine neue Epoche. Erstmals sah sich die bis dahin weitgehend monopolistisch strukturierte Energiebranche einer Ordnungspolitik gegenübergestellt, die den Wettbewerbsgedanken konsequent auf die Versorgungswirtschaft auszudehnen suchte – eine politische Zielsetzung, die erhebliche Auswirkungen auf alle Akteure der Branche hatte. Während im nunmehr entstehenden liberalisierten Markt die Letztverbraucher schrittweise vom reinen Abnehmer zum mündigen Kunden mutierten, erfolgte auf der Anbieterseite gleichzeitig eine Trennung von Netzbewirtschaftung und Energievertrieb. An die Stelle der monopolistischen Versorgung von einst trat der Wettbewerb um den zu versorgenden Kunden. In der Konsequenz entwickelten sich die früheren Energieverteilungsunternehmen sukzessive zu *Energieversorgungsunternehmen (EVU)*, den *Utilities 2.0.*

3. **Utility 3.0 – Energiedienstleistungsunternehmen (EDU) [ab 2012]**

   Bereits mit ihrem im Dezember 2011 veröffentlichten Eckpunktepapier zu Smart Markets hat die Bundesnetzagentur (BNetzA) den Weg in Richtung

---

[2] Vor der Liberalisierung haben Versorgungsunternehmen Energie an Letztverbraucher lediglich verteilt. Daher wird hier für Utilities 1.2 der Begriff des Energieverteilungsunternehmens eingeführt.

[3] Budde und Golovatchev (2014, S. 596).

innovativer Dienstleistungen und komplexer Lösungen um Energiemengen gewiesen.[4] Fokussierten Energiekonzerne, Regionalversorger und Stadtwerke ihre Aktivitäten von jeher auf das klassische Energieliefergeschäft, deutet sich mit Einsetzen der vom Regulierer beflügelten Diskussion um Energiemengenmärkte der Beginn einer Transformationswelle zu *Utility 3.0* an. Unter dem Eindruck ihrer merklich gefährdeten Wettbewerbsposition im angestammten Commodity-Geschäft wächst für Versorger spätestens seit dieser Zeit die ökonomische Notwendigkeit, neue, tragfähige Geschäftsideen zu entwickeln. „Ein erfolgversprechender Weg liegt im Wandel vom Energieverkäufer zum Energiedienstleister. Dadurch schafft man Mehrwert beim Kunden, erhöht so die Kundenbindung und erarbeitet sich die notwendige Differenzierung gegenüber dem Wettbewerber."[5] Insofern verkaufen erfolgreiche EVU heute nicht mehr ausschließlich Energie, sondern bieten ihren Kunden nach und nach auch umfassende Services und erweiterte Produkte an. Sie entwickeln sich als *Energiedienstleistungsunternehmen (EDU)* so zu exzellenten Akteuren des Smart Market.

4. **Utility 4.0 – digitale Energiedienstleistungsunternehmen (eEDU) [Zukunft]**
   Internet, mobile Computer, Smartphones, Big Data, Cloud-Computing, Augmented Reality und Customerization revolutionieren seit ihrem Aufkommen nahezu alle Facetten des sozialen und ökonomischen Lebens moderner Gesellschaften. Mithin beherrscht im beginnenden 21. Jahrhundert die Informations- und Kommunikationstechnologie (IKT) sowohl die gesellschaftlichen Entwicklungen als auch die technologischen Trends gleichermaßen. Als vorläufiger Höhepunkt wachsen reale und virtuelle Welt mittels umfassender Verknüpfungen allgemein zu einem „Internet der Dinge" oder als englische Entsprechung „Internet of Things" (IoT) zusammen. Vorreiter dieser Entwicklung ist die produzierende Industrie, die inzwischen große Anstrengungen in Bezug auf die Virtualisierung und Automatisierung ihrer Produktionsmethoden und Logistik unternimmt.
   Das Beispiel des industriellen Sektors lässt den Schluss zu, dass auch in der Energiewirtschaft nichts so bleiben wird, wie es über Jahrzehnte hinweg war! Zweifelsohne macht die Digitalisierung auch vor dem Energiesektor nicht Halt. Auch Stadtwerke und Co. stehen heute am Beginn der digitalen Transformation, bei der perspektivisch Energiemarkt und Informationstechnologie miteinander verschmelzen. Dabei werden *digitale Energiedienstleistungsunternehmen (eEDU)* entstehen, deren Angebote sich um die neuen Technologien

---

[4] Vgl. Bundesnetzagentur (2011).
[5] Böddeker (2012, S. 16).

herum entwickeln und somit vornehmlich aus innovativen, datenbasierten Produkten und maßgeschneiderten Dienstleistungen bestehen. Energiewirtschaftliche Geschäftsmodelle der Evolutionsstufe 4.0 werden vorzugsweise vernetzt, flexibel, digital und dienstleistungsorientiert sein.

Nicht zufällig bedient sich Utility 4.0 der sprachlichen Analogie zum hochaktuellen Zukunftsprojekt Industrie 4.0. Ganz bewusst nimmt die Wahl des Buchtitels so auf die in der produzierenden Wirtschaft spätestens seit der Hannover Messe 2011 breit geführte Diskussion um die Digitalisierung als vierte industrielle Revolution Bezug.

Katalysator der Transformation: der fundamentale Einfluss digitaler Technologien
Der Autor dieses Buchs ist davon überzeugt, dass in den kommenden Jahren klassische Akteure des Energiesektors mehr oder weniger rigoros von kundenorientierten Energiedienstleistungsunternehmen der Evolutionsstufe Utility 4.0 verdrängt werden. Eine Annahme, die unter anderem auf der Überzeugung beruht, dass Kunden in zunehmendem Maße nicht alleine Energie, sondern vermehrt komplexe Energieservices nachfragen werden. Den größten Änderungsdruck auf Versorgungsunternehmen dürften jedoch Phänomene wie Digitalisierung, Automatisierung, Virtualisierung und Vernetzung auf die Energiewirtschaft ausüben. Genannte und weitere Merkmale der digitalen Welt werden – ähnlich wie *Katalysatoren* in der Chemie – die sukzessive Ablösung etablierter Utilities 2.0 und 3.0 durch digitale Energiedienstleistungsunternehmen signifikant beschleunigen. Wie Abb. 3.2 zeigt, werden heutige Versorgungsunternehmen unter dem Einfluss moderner Technologie schrittweise zu innovativen, digitalen Lösungsanbietern transformiert. Von dieser Transformation sind alle Bereiche eines Unternehmens gleichermaßen betroffen. Egal ob Organisation, Prozesse, Betriebsmittel, Informationen und Produktpalette; kein Aspekt unternehmerischen Handels bleibt von den direkten und indirekten Einflüssen einer nahezu omnipräsenten digitalen Welt unberührt.

3.2 Zielrichtungen der Transformation

Welche Charakteristika machen das Wesen von Utility 4.0 aus? Inwiefern beeinflussen die Merkmale des zukünftigen Energiesystems die Entwicklung ihrer Akteure? Wie wirken sich Digitalisierung und Dezentralisierung auf traditionelle Energieversorgungsunternehmen aus? Wodurch unterscheiden sich Leistungsspektrum, Organisation und Prozesse heutiger Versorger von ihren Pendants in der digitalen Welt von morgen? Um diese und weitere Fragestellungen beantworten

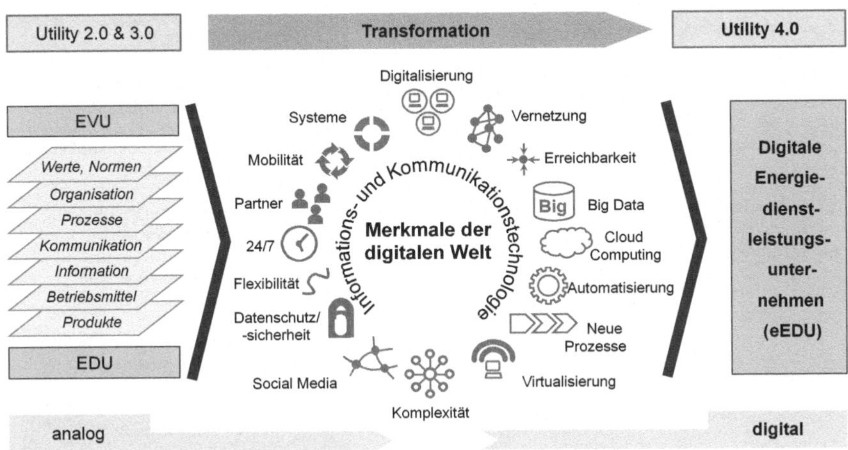

Abb. 3.2 Digitale Welt als Katalysator für Utility 4.0

zu können, bietet es sich an, zunächst einen Schritt zurückzutreten und zu fragen, welche übergeordneten Ziele mit der Transformation klassischer Energieversorger zu digitalen Energiedienstleistungsunternehmen verbunden sind. Erst die Klarheit darüber, welche Ziele Versorgungsunternehmen als Utility 4.0 verfolgen, ermöglicht im nachfolgenden Abschn. 3.3 eine systematische Ableitung wesentlicher Anforderungen und schließlich in Abschn. 3.4 das Herausdestillieren charakteristischer Wesensmerkmale zukünftiger Akteure der digitalisierten Energiewirtschaft. Diesen Zusammenhang veranschaulicht Abb. 3.3 grafisch.

Der Kenntnis über die mit der Transformation verfolgten Hauptziele fällt eine grundlegende Bedeutung zu. „Die Formulierung von Zielen schafft Orientierung. Unter einem Ziel wird allgemein ein in der Zukunft liegender Zustand verstanden, der erstrebenswert und prinzipiell erreichbar ist."[6] Mit der sukzessiven Umwandlung gegenwärtiger EVU (Utility 2.0) oder EDU (Utility 3.0) zu digitalen Energiedienstleistungsunternehmen der vierten Evolutionsstufe (Utility 4.0) werden gemeinhin folgende *Zielsetzungen* verfolgt:

- Stärkung bestehender und Aufbau neuer Kundenbeziehungen
- Bestehen in der digitalen Welt von morgen
- Identifizieren strategischer Wachstumspotenziale und Erschließen neuer, digitaler Geschäftsfelder

---

[6] Doleski und Liebezeit (2013, S. 214).

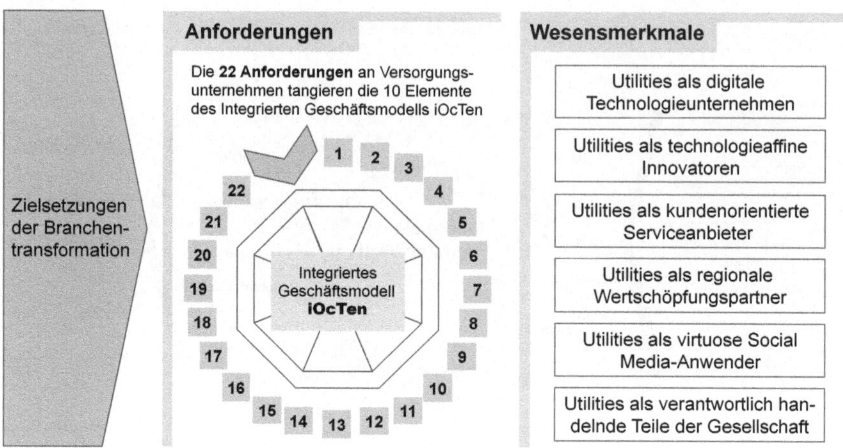

Abb. 3.3 Zielsetzungen der Branchentransformation determinieren das Wesen von Utility 4.0

- Differenzierung von Wettbewerbern, vor allem von branchenfremden Newcomern
- Verbesserte Strukturen und leistungsfähige Prozesse durch optimierten IT-Einsatz
- Optimierte Leistungstransparenz und Steuerungsfähigkeit für das Management
- Aufwertung des Images und verbesserte öffentliche Wahrnehmung dank Positionierung als innovatives, nachhaltig agierendes Energiedienstleistungsunternehmen
- Erfüllen gesetzlicher und regulatorischer Vorgaben
- Institutionalisierung von Programmen zur Kostensenkung und Margensteigerung
- Erwirtschaftung eines angemessenen Betriebsergebnisses

Diese Aufzählung offenbart, dass im Zuge der digitalen Transformation die maßgeblichen Akteure keineswegs alleine Gewinnerzielungsabsichten verfolgen. Innovative Unternehmen der digitalen Energiewirtschaft zeichnen sich vielmehr durch umfassende multivariate Zielbündel aus, die mehr und mehr im situativen Kontext einer zunehmend komplexeren und dynamischen Umwelt auszudifferenzieren sind.

3.3 Anforderungen an Versorgungsunternehmen im Energiesystem der Zukunft

Nachdem die mit der Transformation zu Utility 4.0 verbundenen Hauptzielsetzungen im vorigen Abschnitt zusammengetragen wurden, werden aus diesen unter Berücksichtigung der in Kap. 2 skizzierten Rahmenbedingungen konkrete Anforderungen an Versorgungsunternehmen abgeleitet. Nachfolgend steht somit die Beantwortung der Frage nach den von Versorgungsunternehmen zu erfüllenden erfolgskritischen Bedingungen im Fokus: Was muss getan werden, um als Akteur im Energiesystem der Zukunft zu bestehen?

Bevor jedoch die konkreten Anforderungen an heutige Versorgungsunternehmen in diesem Abschnitt expliziert werden, führen wir uns nochmals die Grundaussagen der Abb. 3.2 aus Abschn. 3.1 ins Gedächtnis. Dabei lenken wir das Augenmerk zunächst auf die *digitale Realität* – eine Realität, die ihrerseits die Freiheitsgrade zukünftiger Energieunternehmen maßgeblich determiniert. So bestimmen die unterschiedlichen Merkmale der digitalen Welt in erheblichem Maße die Anforderungen an Versorgungsunternehmen im Energiesystem der Zukunft. Schließlich müssen Utilities 4.0 eben genau diesen mindestens entsprechen, um im Wettbewerb auch über das Jahr 2020 bestehen zu können.

Wie zuvor beschrieben, befinden sich sowohl EVU als auch EDU heute an der Schwelle zur Digitalisierung ihrer Geschäftsmodelle und Services. Stadtwerke und Co. verändern sich in zunehmendem Maße zu Akteuren der *digitalen Welt*, die sich vor allem durch sechs Merkmale beschreiben lässt:

- **Allgegenwärtige Informationsverfügbarkeit:** Jeder Nutzer verfügt an jedem Ort der Welt über umfassenden Zugang zu relevanten Informationen.
- **Soziale Virtualisierung:** Reales und virtuelles Leben wachsen zusammen. Nutzer teilen online ihr gesellschaftliches Dasein über soziale Netzwerke mit anderen Digital Natives.
- **Absolute Mobilität:** Nutzer haben zu jeder Zeit und an jedem Ort Zugang zur Onlinediensten und Netzwerken jeder Art. Dies ermöglicht unter anderem die Nutzung mobiler Telemetriedienste wie beispielsweise Fernüberwachung oder Navigationsdienste.
- **Permanente Erreichbarkeit:** Ein hervorstechendes Charakteristikum der digitalen Welt ist die permanente Erreichbarkeit der meisten User mittels mobiler Services. Dies erlaubt nicht nur Digital Natives, sondern einer breiten Nutzergruppe jederzeit relevante Angebote zu offerieren.
- **Lokalisierung:** Dank Mobilfunkzellen- und GPS-Ortung können Nutzer heute bis auf wenige Meter genau in Echtzeit lokalisiert werden. Damit sind spezifische mobile Anwendungen wie etwa Location Based Services (Lokalisierungsdienste) realisierbar.

- **Leistungsfähige Technologien:** Die digitale Transformation weiter Lebensbe-
  reiche wäre ohne die rapide Entwicklung im Bereich der Leistungsfähigkeit
  mobiler Endgeräte keineswegs so schnell vorangeschritten. Heutige Endgeräte
  sind mit ihren Vorgängern von vor fünf Jahren hinsichtlich Rechenkapazität
  und Funktionalitäten nicht annähernd vergleichbar. Big Data und datenbasierte
  Analysewerkzeuge eröffnen ungeahnte Möglichkeiten, den Datenstrom, welche
  Nutzer produzieren, zu analysieren und das mögliche Kaufverhalten zu antizi-
  pieren.[7]

Auf die Situation heutiger Unternehmen des Energiesektors übertragen liefern die
vorgenannten allgemeinen Merkmale der digitalen Welt – einem Kompass ähnlich
– einen praktikablen Orientierungsrahmen zu erfüllender Bedingungen dergestalt,
dass sich traditionelle Unternehmen des Energiesektors zu erfolgreichen Akteuren
der neuen Energiewelt transformieren lassen. Über diese Merkmale hinaus existieren „für Energieunternehmen drei wesentliche Herausforderungen, die es zukünftig zu bestehen gilt:

1. Die Informationsflut: Das zunehmende Informationsangebot kann nicht oder
   nur bedingt aufgenommen werden.
2. Die Informationsverarbeitung: Die durch das zunehmende Informationsangebot
   zur Verfügung gestellten Daten können nicht zu Wissen verarbeitet werden, und
   erscheinen den Unternehmen häufig als unwirtschaftlich
3. Die Informationssysteme: Bestehende Informationssysteme liefern oftmals im
   Unternehmen keine relevanten Informationen für die Unternehmensführung."[8]

Aus den allgemeinen Merkmalen und den wesentlichen Herausforderungen der
digitalen Welt leiten sich letztlich die konkreten Anforderungen an Utility 4.0 ab.
Um auch morgen wirtschaftlich überleben zu können, lautet die Ultima Ratio innovativer Versorgungsunternehmen, den folgenden *Anforderungen* möglichst umfassend zu genügen:[9]

1. Systematische Berücksichtigung externer Rahmenbedingungen und Restriktionen [Normativer Rahmen]

---

[7] Vgl. Esser (2014).

[8] Schönberger (2015).

[9] Die in eckigen Klammern aufgeführten Begriffe stellen den Bezug zwischen den Anforderungen an Versorgungsunternehmen und den jeweils tangierten zehn Elementen des in
Kap. 5 beschriebenen Integrierten Geschäftsmodells iOcTen her.

2. Digitalisierung, Automatisierung und Dezentralisierung proaktiv in die normativen Entscheidungen einbeziehen [Normativer Rahmen]
3. Kunden erlebbaren Nutzen zu marktkonformen Konditionen stiften [Nutzen]
4. Festlegen einer tragfähigen Geschäftsstrategie „digitale Welt" [Strategie]
5. Existierende Geschäftsmodelle systematisch ausbauen und neue, digitale Geschäftsmodelle entwickeln [Strategie]
6. Unrentable Geschäftsfelder abstoßen [Strategie]
7. Das Geschäft – soweit möglich – internationalisieren [Strategie]
8. Gute Kenntnis der relevanten Kundengruppen [Kunden]
9. Kundennähe als Wettbewerbsvorteil in einer zunehmend digitalisierten Welt ausbauen [Kunden]
10. Chancen von Social Media und sozialer Virtualisierung systematisch nutzen [Kunden]
11. Detaillierte Kenntnis wesentlicher Charakteristika digitalisierter Märkte [Markt]
12. Etablierte wie auch branchenferne, neue Wettbewerber genau beobachten [Markt]
13. Ausrichtung der Erlösmechanik an die Bedingungen der digitalen Welt [Erlös]
14. Im Wettbewerb um geeignete Fachkräfte und Digital Natives bestehen [Befähiger]
15. Aufbau eines leistungsfähigen Informationsmanagements zur Speicherung, Verarbeitung und Auswertung sehr großer Datenmengen in Echtzeit [Befähiger]
16. Big Data beherrschen und innovative technische Lösungen anbieten [Befähiger]
17. Image eines verantwortungsbewusst handelnden Unternehmens schaffen und glaubhaft leben [Befähiger]
18. Kosteneffizient und professionell handeln [Prozesse]
19. Veränderung von Organisation und Betriebsprozessen zügig vorantreiben [Prozesse]
20. Alle Abläufe müssen modernen Datensicherheitsanforderungen entsprechen [Prozesse]
21. Das wirtschaftliche Überleben mit Hilfe von Kooperationen sichern [Partner]
22. Finanzmittel für die eigene Zukunft beschaffen und zielgerichtete Investitionen tätigen [Finanzen]

Somit wäre die eingangs dieses kurzen Abschnitts gestellte Frage, welchen Anforderungen oder Bedingungen Versorgungsunternehmen genügen müssen, um als Akteure im digitalen Energiesystem der Zukunft langfristig bestehen zu können, grundsätzlich beantwortet.

3.4 Neues Selbstverständnis als digitaler Energiedienstleister

Hätte im Jahr 1990 ein Referent auf einem energiewirtschaftlichen Fachkongress behauptet, dass nur ein Vierteljahrhundert später der Versorgungsmarkt weitgehend liberalisiert sei, die Elektrizitätsversorgung zunehmend dezentral und regenerativ erfolgen würde, der Umgang mit Massendaten zu der entscheidenden Kernkompetenz im Energiemarkt avanciert und Letztverbraucher sich ihren Energieversorger aus einem bundesweiten Angebot frei auswählen können, so wäre das Resultat unter den Zuhörern vermutlich ungläubiges Kopfschütteln gewesen. Und dennoch zählt heute all dies unbestritten zum Alltag moderner Energieversorgungsunternehmen.

Utility 4.0 ante portas! Wir befinden uns heute mitten im Übergang vom anlogen in ein zunehmend durch Internet und Daten dominiertes Dasein. Reale und digitale Welt verschmelzen dank digitaler Transformation in immer mehr Bereichen des gesellschaftlichen wie auch ökonomischen Lebens miteinander. Dieser Trend auf die Energiewirtschaft übertragen hat eine umfassende datentechnische Vernetzung entlang der energiewirtschaftlichen Wertschöpfung zur Konsequenz. Insofern steht der Energiesektor an der Schwelle zum *Internet der Energie*, einem Energiesystem, in dem vornehmlich dezentrale Erzeugungsanlagen über digitale, bidirektionale Steuerungssignale unmittelbar mit Verbrauchsstellen vernetzt sind. Vor allem an der Schnittstelle zwischen dezentraler Erzeugung und individuellem Verbrauch werden in den kommenden Jahren umfangreiche Services und Produkte entstehen, die in erster Linie auf einer intelligenten Beherrschung und Nutzung energienaher Massendaten basieren. Folgerichtig werden sich in absehbarer Zeit immer mehr klassische Versorgungsunternehmen zu digitalen Energiedienstleistungsunternehmen mit neuem Selbstverständnis weiterentwickeln.

Utilities als digitale Technologieunternehmen
Energieversorger werden sich in Zukunft zu *digitalen Technologieunternehmen* entwickeln. Im Zuge dieser Entwicklung wird Technologie in all ihren Facetten, ähnlich der Situation in anderen Branchen, auch in der Energiewirtschaft einen signifikanten Bedeutungszuwachs erfahren. Besonders die Relevanz von Informationen wird sich dabei erheblich vom Status quo unterscheiden. Obgleich im Energiesektor dank Smart Grid und Smart Metering um das Jahr 2013 bereits Daten in großer Menge in Echtzeit zur Verfügung standen, handelte es sich perspektivisch erst um den Beginn der eigentlichen *Digitalisierung der Versorgungswirtschaft*. Mit der digitalen Transformation unterliegen Leistungsspektrum und Betriebsprozesse klassischer Energieversorgungsunternehmen einem fundamentalen Wandel. Informationen oder genauer gesagt Daten avancierten zum Treibstoff energiewirt-

schaftlicher Geschäftsmodelle. Um von der Vehemenz und Dynamik dieser Entwicklung nicht überrollt zu werden, ist ein *klarer Technologiefokus* bei Energiekonzernen, Regionalversorgern und Stadtwerken unabdingbar. Diese Forderung verwundert kaum, wenn man sich gewahr wird, dass in Zukunft Geschäfte mehr oder weniger ausgeprägt von Faktoren wie Internet, Digitalisierung und Automatisierung bestimmt werden.

Unmittelbar mit dem forcierten Einsatz von Technologie im Allgemeinen und IT im Besonderen ist eine erhebliche Zunahme von Komplexität, Datensicherheitsrisiken und Investitionsbedarf verbunden. Allerdings lassen sich insbesondere zukunftsorientierte Energiedienstleistungsunternehmen sowie bislang noch energiewirtschaftsferne Wettbewerber durch diese Rahmenparameter in ihrem Bestreben nach aktiver Gestaltung der digitalen Transformation erwartungsgemäß nicht beirren. Selbst das zu Recht monierte Fehlen verlässlicher Standards in relevanten Technologiefeldern wird die Innovatoren und Early Adopter der Energiebranche kaum abschrecken. Für klassische Versorgungsunternehmen kann diese Einschätzung nur eine logische Konsequenz haben: dem Digitalisierungstrend folgen, bevor es ein anderer macht, oder alternativ vom Markt verschwinden.

Utilities als technologieaffine Innovatoren
Die Versorgungsindustrie „von morgen ist nicht mehr nur von Transformatoren, Schaltanlagen oder Wechselrichtern geprägt. Sie kommt mit neuer Technik, neuen Marktstrukturen und neuen Geschäftsfeldern daher. Dieser Wandel eröffnet den Stadtwerken unzählige neue Möglichkeiten. Um sie zu nutzen, bedarf es neuer Ideen und neuen Know-how, aber auch eines neuen Rollenverständnisses [...]. Oder kurz gefasst: Gesucht wird eine neue, innovative Unternehmenskultur."[10]

Seit jeher fällt in schwierigen Marktumfeldern dem Innovationsmanagement eine herausragende Rolle bei der Zukunftssicherung von Unternehmen zu. Ohne Einschränkung gilt dieser Grundsatz auch für erfolgreiche Akteure der Energiebranche. So eröffnet erst die Fähigkeit zur Prozess- und Technologieinnovation die Möglichkeit des reibungslosen Übergangs vom traditionellen Versorger zum strategisch agierenden Energiedienstleister. Schließlich sind Innovationen in hohem Maße dafür verantwortlich, dass sich arbeitsteilige Organisationen an geänderte Umfeldbedingungen flexibel anpassen und die eigene Strategie zum Wohle des Unternehmens permanent weiterentwickeln können. Innovationen entstehen in aller Regel jedoch nicht automatisch. Vielmehr bedarf es dafür einer Unternehmenskultur für „digitale Innovatoren", zu deren Fundament die Fähigkeit zählt, gelebte Geschäftsmodelle in Frage zu stellen und auch zu ändern.

---

[10] Edelmann (2014, S. 27).

Utilities als kundenorientierte Serviceanbieter

Energieversorgungsunternehmen geraten in ihrem angestammten Liefergeschäft zunehmend in die Commodity-Falle. Angesichts der sich abzeichnenden Tendenz zur *Commoditisierung*[11] des herkömmlichen Energieverkaufsgeschäfts bedarf es seitens der Versorgungswirtschaft erheblicher Anstrengungen bei der Suche nach neuen, nachhaltig tragfähigen Geschäftsmodellen. Dabei wird es mit hoher Wahrscheinlichkeit „nicht darauf ankommen, den Absatz von Strom und Gas zu steigern, sondern das richtige Portfolio mit Produkten in Bezug auf Energieeffizienz und -einsparung zu haben. Denn für die Wandlung vom reinen Commodity-Anbieter zum Energieeffizienz-Dienstleister sind neue Produkt- und Vermarktungskonzepte erforderlich."[12]

In der „neuen Energiewirtschaft" werden aus zwangsloyalen Letztverbrauchern von einst umworbene Kunden, die sich ihre Lieferanten infolge der Verfügbarkeit leistungsfähiger Preisvergleichs- und Auktionsseiten flexibel aussuchen können. Infolgedessen avancieren *Kundennähe* und *Serviceorientierung* immer mehr zur obersten Maxime und zum wesentlichen Differenzierungskriterium erfolgreicher Akteure der Energiebranche. Während traditionelle Energieversorger augenscheinlich mit erodierenden Geschäftsmodellen der „alten Welt" kämpfen, treten gleichzeitig qualifizierte und mitunter branchenferne Lösungsanbieter mit neuen, datenbasierten Dienstleistungsangeboten und innovativen Produkten auf den Plan. Mit der Bereitstellung dieses so zunehmend breiter gefächerten Serviceangebots im Energiesektor ist frei nach dem Motto „der Appetit kommt beim Essen" zu erwarten, dass mit zeitlicher Verzögerung kundenseitig das Interesse an diesen Dienstleistungen geweckt wird. Insofern fungieren Newcomer, Innovatoren und Early Adopter allein durch innovationsorientiertes Handeln als Katalysatoren des branchenweiten Transformationsprozesses vom Energieverkäufer zum digitalen Energiedienstleister – eine Entwicklung, der sich schlussendlich die Mehrheit der traditionellen Energieversorger kaum entziehen kann.

Interessanterweise beschleunigt sogar der auf den ersten Blick scheinbar keinen Bezug zur Energiewirtschaft aufweisende Einzelhandel den Wandel vom Versorgungs- zum digitalen Energiedienstleistungsunternehmen zusätzlich. So erwartet der Energiekonsument von seinem Energielieferanten herausragenden Service und ein umfassendes, kostengünstiges Produktsortiment. „Denn dies ist er inzwischen vom Internet und den großen digitalen Anbietern wie Amazon gewöhnt. Die An-

---

[11] Commoditisierung bezeichnet das Phänomen zunehmender Homogenisierung oder die Tendenz, dass sich Produkte im Laufe ihres Lebenszyklus einander angleichen und schlussendlich zu leicht imitierbaren Massenprodukten mutieren.

[12] Keser (2012, S. 36).

sprüche wurden durch E-Commerce und Internet hochgeschraubt – worauf auch der stationäre Handel auch reagiert hat. Doch das wiederum erhöht die Erwartungen auch an die noch verbliebenen Nicht-Onliner. 24 Stunden, sieben Tage die Woche, 52 Wochen im Jahr – schon jetzt gibt es junge Konsumenten, die mit dem Begriff ‚Öffnungszeiten' gar nichts mehr anfangen können.“[13] Die nicht zuletzt dank E-Commerce kundenseitig gewachsenen Ansprüche werden den Wandel traditioneller EVU zu kundenorientierten Serviceanbietern zusätzlich befeuern.

Utilities als regionale Wertschöpfungspartner
Die physische Versorgung mit Strom, Gas, Wärme und Wasser erfolgt gemeinhin mittels lokaler Netzinfrastrukturen – ein Umstand, der den ortsnahen Versorgungsunternehmen in den vergangenen Jahrzehnten einen sicheren Kundenzugang und natürlichen Wettbewerbsvorteil gegenüber überregionalen Drittanbietern sicherstellte. Obwohl in jüngster Zeit die Bedeutung der reinen Lieferung von Kilowattstunden elektrischer Energie oder Kubikmetern Gas zugunsten der Bereitstellung umfassender Energiedienstleistungen und des Betriebs komplexer Energiesysteme wie erwähnt zu schwinden beginnt, stellt nach wie vor die räumliche Nähe zum Kunden einen nicht zu unterschätzenden Wettbewerbsvorteil regionaler Versorgungsunternehmen dar. Schließlich kennen regional verankerte Versorgungsunternehmen genau die Gegebenheiten vor Ort, sind kommunal häufig bestens vernetzt und agieren sehr nah am Kunden – alles Aspekte, die nach dem Motto „Aus der Region, für die Region!“ Kundenbindung schaffen und die notwendige Differenzierung von den Großen oder Newcomern der Energiebranche ermöglichen.

Angesichts dieser positiven Wirkung von *Regionalität* im Bereich der Daseinsvorsorge sowie der Tendenz zur Dezentralisierung der Energieversorgung ist es folglich auch für digitale Energieunternehmen der vierten Evolutionsstufe zweckmäßig, sich mit einem regional geprägten Leistungsangebot als kompetenter Partner in der jeweiligen Region zu positionieren. Das mag aufgrund vorgenannter Merkmale der digitalen Welt, also z. B. der Tendenz zur allgegenwärtigen Informationsverfügbarkeit und Digitalisierung, zunächst paradox erscheinen. Tatsächlich versetzt die Digitalisierung überregional tätige Akteure in die Lage, mittels zielgerichteten, kundenfokussierten Datenmanagements eine gewisse regionale Nähe zu simulieren.

Utilities als virtuose Social-Media-Anwender
Kunden von Versorgungsunternehmen werden permanent anspruchsvoller. Längere Öffnungszeiten von Serviceeinrichtungen und kürzere Reaktionszeiten bei

---

[13] Engel (2015).

gleichzeitig umfassender Auskunftsfähigkeit sind nur eine Auswahl heutiger Kundenerwartungen.

Das *Social-Media-Angebot* von Utilities 4.0 muss diesen gewachsenen Ansprüchen genügen, sie im Idealfall übertreffen. Website, Portal, Foren, Blog, Instant Messaging bis hin zum Onlineshop sollten sich durch leichte Navigation und intuitive Bedingung auszeichnen. Egal ob Haushalts- oder Gewerbekunde, beide erwarten im digitalen Zeitalter rund um die Uhr den mobilen Zugriff auf alle relevanten Daten und Funktionen bei freier Auswahl der Kommunikationswege.

Utilities als verantwortlich handelnde Teile der Gesellschaft
Charakteristisch für die digitale Welt ist ihr starker Technologiefokus. Dies ist kaum verwunderlich, führt man sich vor Augen, dass die ursprüngliche Genese und Sicht auf dieses Thema beinahe ausschließlich technikzentriert war und zudem federführend von Ingenieuren, Informatikern oder Technikern betrieben wurde. So genießen Aspekte wie Automatisierung, Vernetzung, Virtualisierung und Echtzeitverarbeitung bis dato einen Großteil der wissenschaftlichen und medialen Aufmerksamkeit. Man könnte beinahe den Eindruck gewinnen, dass zukünftige Utilities 4.0 nur die technische Seite der Digitalisierung beherrschen müssen und schon könnten sie im Wettbewerb von morgen bestehen. – Weit gefehlt!

Vor dem Hintergrund individualisierter Kundenanforderungen einerseits und einer Sensibilisierung weiter Teile der Bevölkerung für Umweltfragen andererseits repräsentiert der optimale Technologieeinsatz nur einen – wenngleich wesentlichen – Erfolgsfaktor der digitalen Transformation des Energiesektors. Hinzu kommt ein ganzes Bündel weiterer, nicht technischer Faktoren, die ihrerseits einen essentiellen Anteil am Erfolg oder Misserfolg eines Versorgers in der smarten Energiewelt von morgen haben. Zweifelsohne erwarten Kunden heute von Versorgungsunternehmen die glaubhafte Vermittlung eines am *Gemeinwohl* und an übergeordneten *Nachhaltigkeitserwägungen* orientierten *ethischen Handelns*. Insofern kann sich gelebte Verantwortung für Gesellschaft, Umwelt und Zukunft schließlich als entscheidender Wettbewerbsvorteil im Energiesektor herauskristallisieren. Nicht zuletzt kann soziales und kulturelles Engagement gepaart mit leistungsfähigen Energieeffizienzangeboten zur signifikanten Erhöhung der *öffentlichen Reputation* eines Versorgungsunternehmens führen. Strategisch derart ausgerichtete digitale Energiedienstleistungsunternehmen werden in der Öffentlichkeit verkaufsfördernd als sozial, zukunftsorientiert und ressourcenschonend handelnd wahrgenommen.

Zwischenfazit – das Wesen digitaler Energiedienstleistungsunternehmen
Am Ende der Transformation vom Versorgungswerk zum digitalen Energiedienstleister werden sich Energiekonzerne, Regionalversorger und Stadtwerke entweder

von ihren heutigen Pendants erheblich unterscheiden oder alternativ bestenfalls in die Bedeutungslosigkeit versinken. Sie werden im erstgenannten Fall mehrheitlich digitale Technologieunternehmen mittelständischer Prägung sein, dezentralere Strukturen als heute üblich unterhalten, dabei hocheffizient und flexibel sowohl konventionelle als auch erneuerbare Erzeugungskapazitäten orchestrieren. Das umfassende Wissen um die differenzierten Kundenerwartungen sowohl der Privatkunden als auch der B-to-B-Entscheider, eine ausgeprägte Serviceorientierung und der strukturierte, zielgruppenspezifische Einsatz von Social Media bestimmen den Außenauftritt dieser modernen Energiedienstleistungsunternehmen. Vielfalt in Bezug auf Strategie, Leistungsangebot, Organisation und Kommunikationsmedien wird zum zentralen Charakteristikum zukünftiger Versorgungsunternehmen der vierten Evolutionsstufe. „Es wird nicht eine Strategie geben, die alles bestimmt. Viele Wege, nicht ein Königsweg, werden künftig zum Erfolg führen."[14]

Die Verschmelzung von Energiemarkt und Informationstechnologie ist elementarer Bestandteil der digitalen Transformation des Energiesektors. Jedoch geht der Trend zur Digitalisierung deutlich über den breiten Einsatz neuer Technik hinaus. Mit dem Übergang von der analogen in eine durch IT und Internet bestimmte Versorgungswelt sind Energieunternehmen gezwungen, ihre vielfach analogen Geschäftsmodelle und Prozesse infrage zu stellen und radikal zu erneuern, sofern sie sich behaupten wollen. Kunden erwarten von digitalen Energiedienstleistungsunternehmen in naher Zukunft ein umfassendes Service- und Produktsortiment, welches sich an ihre individuellen Bedürfnisse situationsabhängig anpassen lässt und nach eigenem Gusto flexibel abgerufen werden kann.

---

[14] Reck (2012, S. 9).

Betätigungsfelder – Optionen für profitables Wachstum 4

Die digitale Transformation der Energiewirtschaft steht ganz oben auf der Tagesordnung. Digitalisierung und Dezentralisierung gelten in energiewirtschaftlichen Zukunftsszenarien und Fachdiskussionen als die Trends mit den größten Auswirkungen auf das gesamte Energiesystem. Klassische Versorgungsunternehmen müssen sich den veränderten Rahmenbedingungen stellen und geeignete Antworten auf die akute Bedrohung ihrer traditionellen Geschäftsmodelle finden. Auf absehbare Zeit werden nur diejenigen Energieversorgungsunternehmen überleben, denen der Übergang von der traditionellen zur digitalen Energieversorgung gelingt. Prosperieren können Versorger schließlich nur dann, wenn ihnen die umfassende datentechnische Vernetzung entlang der energiewirtschaftlichen Wertschöpfung gelingt und sie sich konsequent als innovativer Dienstleister positionieren können. Damit steht unmittelbar die Frage nach aussichtsreichen Betätigungs- oder Geschäftsfeldern zur Zukunftssicherung im Raum. Oder anders gefragt, welche Angebote sind wahrscheinlich morgen noch Garanten für profitables Wachstum?

Die Kernaussagen der Vorkapitel auf den Punkt gebracht stehen Energieunternehmen heute vor zwei zentralen Herausforderungen: Einerseits müssen sie den digitalen Wandel mit dem ihm innewohnenden Komplexitätsanstieg organisatorisch verkraften. Andererseits erwartet eine zunehmend souverän agierende Kundschaft zusätzlich zur reinen Energielieferung ein deutlich verbessertes Dienstleistungsangebot. Beiden Anforderungen können Versorger – konsequent zu Ende gedacht – nur bei geglückter digitaler Transformation vollumfänglich gerecht werden. Dieser Wandel vom traditionellen Energieverteiler über den intermediären Energieverkäufer zum digitalen Energiedienstleister ist jedoch nur dann erfolgversprechend, wenn die digitalen Energiedienstleistungsunternehmen von morgen ihren Privat- und Geschäftskunden ein adäquates Angebot offerieren. Somit bleibt vorerst die Frage offen, welche prinzipiellen Betätigungs- oder Handlungsfelder

© Springer Fachmedien Wiesbaden 2016

O. D. Doleski, *Utility 4.0*, essentials, DOI 10.1007/978-3-658-11551-7_4

aus heutiger Sicht vorstellbar sind, die gleichzeitig auf eine einträgliche Zahlungsbereitschaft auf der Konsumentenseite stoßen könnten.

Betätigungsfelder von Utility 4.0
Mit Beginn der Liberalisierung und Deregulierung Ende der 1990er Jahre veränderte sich sukzessive auch das Angebotsportfolio von Energieverteilungs- und Energieversorgungsunternehmen. War bis zu dieser ersten großen Zäsur das Leistungsspektrum in der Energiewirtschaft im Wesentlichen auf das reine Liefergeschäft beschränkt, so bieten heutige Akteure der Elektrizitäts- und Gasversorgungswirtschaft, neben der Lieferung von Strom, Gas und Wärme, ein erweitertes Produkt- und Dienstleistungsangebot an. Dabei konzentrieren sich Versorger der Entwicklungsstufen Utility 2.0 und 3.0 vornehmlich auf analoge Standardleistungen mit geringerer technischer Komplexität wie beispielsweise Energieberatung, Mini-Energie-Audits, Thermografie oder Energieausweiserstellung. Für diese Angebote gilt gleichermaßen, dass sie den in Abschn. 3.3 skizzierten Anforderungen an Versorgungsunternehmen eines digitalen Energiesystems der Zukunft nicht mehr vollumfänglich genügen.

Das Leistungsangebot von Versorgungsunternehmen muss den dominierenden beiden Trends Digitalisierung und Dezentralisierung gewachsen sein. Es muss geeignete Antworten auf das Phänomen der fortschreitenden Erosion des klassischen Versorgungsgeschäfts liefern und gleichzeitig den gewachsenen Kundenanforderungen entsprechen. Erfolgversprechend erscheint aus heutiger Sicht eine innovative Kombination von Services aus konsequenter *Kundenorientierung*, gelebter *Dienstleistungsmentalität*, glaubhafter *Gemeinwohlorientierung* und klarem *Technologiefokus*. Schützen im Gegensatz zu den Standardlösungen des angestammten Commodity-Geschäfts doch gerade die deutlich komplexeren Energiedienstleistungen effizienter vor Nachahmung und Verdrängung. Dabei bietet insbesondere der aufstrebende *Smart Market* zukünftigen Utility 4.0 ein außergewöhnlich breites Betätigungsfeld. So können digitale Energiedienstleistungsunternehmen auf diesem Markt Strommengen intelligent handeln und mittels digitaler Services Angebot und Nachfrage im Elektrizitätssystem zum Ausgleich bringen. Abbildung 4.1 zeigt den Zusammenhang zwischen Umfeldbedingungen, Erfolgsfaktoren und den resultierenden Betätigungsfeldern im Überblick.

Zur besseren Übersicht und leichteren Orientierung kategorisiert Tab. 4.1 eine exemplarische Auswahl geeigneter Betätigungsfelder digitaler Energiedienstleistungsunternehmen in die Themencluster Energiedienstleistungen, Dezentralität und Infrastruktur. Diesen Betätigungsfeldern von Utility 4.0 ist gemein, dass sie sich in Größe, Potenzial, Umsatz etc. erheblich voneinander unterscheiden. Auch existieren zwischen ihnen zum Teil erhebliche inhaltliche Überschneidungen, so

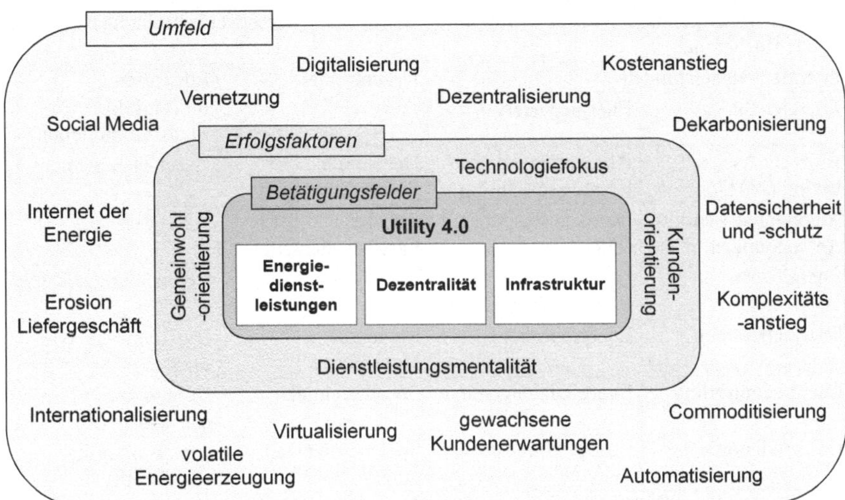

Abb. 4.1 Betätigungsfelder von Utility 4.0 im Kontext von Umfeldbedingungen und Erfolgsfaktoren

dass mitunter einzelne Themen sowohl dem einen als auch gleichzeitig einem anderen Cluster zugeordnet werden können. In Zweifelsfällen oder wenn alternative Zuordnungen möglich sind, wurden die Betätigungsfelder den Themen zugeordnet, mit denen sie die stärkste inhaltliche Deckung aufweisen.

Tab. 4.1 Betätigungsfelder von Utility 4.0 (Auswahl in alphabetischer Reihung). (Quelle: Eigene Recherchen)

Energiedienstleistungen		Dezentralität	Infrastruktur (einschl. Plattformmodellen)
Energienah[a]	Energiebasiert[b]		
Ambient Assisted Living (AAL)	Abrechnungsdienstleistungen (Billing)	Dezentrale Energieerzeugung	Asset Management
Augmented-Reality-Anwendungen	Demand Response (DR)	Lokales Lastmanagement	Asset Services
Energieausweis	Demand Side Management (DSM)	Power-to-Gas	Beleuchtungstechnik
Energieberatung	Energiebroker	Regionale Marktplätze	Big-Data-Anwendungen
Energiecontrolling	Energiemanagement	Speicherclouds	Contracting (Infrastrukturbetrieb)
Energiedialog	Energy Harvesting	Speicherdienstleistung	Elektromobilität (E-Mobility)
Energiemonitoring	Eigenversorgungsservice/ Mieterstrom	Virtuelle Kraftwerke	Energiedatenmanagement (EDMS)
Fuhrparkmanagement (E-Mobility)	Prosumerservices		Internet-Service-Provider
Health Care	Smart Building		IT-Provider
Mobilitätsdienstleistungen (E-Mobility)	Smart Home		Plattformbetrieb
Security	Smart Metering		Smart City
Thermografie	Speichercontracting		Smart Grid
	Wärmedienst (Sub Metering)		Smart Infrastructure
			Systemintegration
			TK-Provider
			Wertbasierte Instandhaltung

[a] Unter energienahen Dienstleistungen werden Angebote ohne gleichzeitige Energielieferung verstanden

[b] Bei energiebasierten Dienstleistungen erfolgt die Energielieferung stets in Kombination mit einer definierten Dienst- oder Sachleistung

Geschäftsmodell – Methode zur Realisierung von Geschäftsideen für Utility 4.0

5

In den vorangehenden Textpassagen wurde herausgearbeitet, dass mit dem Phänomen der digitalen Transformation auch in der Energiewirtschaft die Notwendigkeit einhergeht, die traditionellen, mehrheitlich analogen Geschäftsmodelle kritisch infrage stellen zu müssen. Bislang gültige Standards geraten ins Wanken, Bekanntes wird durch Neues ins Abseits gedrängt, und über Jahrzehnte etablierte Strukturen und Prozesse sind den gewachsenen Anforderungen der digitalen Welt nicht mehr gewachsen. Vor diesem Hintergrund werden diejenigen Akteure der Energiewirtschaft, die nicht zeitnah erhebliche Anstrengungen in Richtung Digitalisierung, Automatisierung und Dezentralisierung unternehmen, mutmaßlich scheitern.

Perspektivisch führt in der Energiewirtschaft kaum ein Weg an der sukzessiven Ablösung klassischer Produkt- und Dienstleistungsangebote vorbei. Für Führungskräfte und Strategen der Energiebranche stellt sich folgerichtig die Kardinalfrage, wie dieser Veränderungsprozess in der betrieblichen Praxis weitgehend reibungslos vonstattengehen könnte. Kurzum bedarf es einer anwendbaren Idee, eines praktikablen Instrumentariums, um Versorgungsunternehmen der zweiten und dritten Evolutionsstufe strukturiert auf das Niveau von Utility 4.0 anheben zu können. Dabei muss es Stadtwerken und Co. gelingen, einerseits die Betriebsprozesse mit Lösungen der Informationstechnologie zu verschmelzen und andererseits synchron ein marktadäquates Angebot datenbasierter Produkte und innovativer Dienstleistungen anzubieten. Infolgedessen ist es für zukunftsorientierte Versorgungsunternehmen von vitaler Bedeutung, ein eigenes, tragfähiges digitales Angebot zu entwickeln und letztendlich dieses erfolgreich im Energiemarkt zu platzieren. Zur Verwirklichung dieser Zielsetzung verfügt das heutige Management über eine breite Auswahl differenzierter Geschäftsmodellkonzepte, die als praxiserprobte Methoden der systematischen Entwicklung neuer Geschäftsideen und strukturierten Gestaltung des Leistungsangebots dienen.

© Springer Fachmedien Wiesbaden 2016
O. D. Doleski, *Utility 4.0*, essentials, DOI 10.1007/978-3-658-11551-7_5

5.1 Geschäftsmodellkonzepte zur Verwirklichung digitaler Geschäftsideen

Ein *Geschäftsmodell* konkretisiert als vereinfachte, modellhafte Beschreibung das grundlegende Prinzip, wie ein Unternehmen Werte schafft und seine Leistungen in den jeweils relevanten Zielmärkten platziert. Demnach handelt es sich bei Geschäftsmodellen um angewandte, ganzheitliche Prinzipskizzen aller wertschöpfenden Abläufe, Funktionen und Interaktionen eines Unternehmens, durch die Kundenmehrwert (Customer Value) geschaffen und damit Erlöse zur Sicherung der ökonomischen Existenz erzielt werden. Kurz gesagt präzisiert ein Geschäftsmodell bzw. seine englische Entsprechung *Business Model* die ihm zugrunde liegende Geschäftsidee.[1]

In einer Zeit des Umbruchs, in der traditionelle Lösungen und Konzepte der Energiewirtschaft angesichts determinativer Trends wie Digitalisierung und Dezentralisierung buchstäblich über Nacht hinfällig werden (können), kommt der vorausschauenden Entwicklung zukunftsfähiger Geschäftsmodelle bei der Existenzsicherung eine herausragende Bedeutung zu. Da Geschäftsmodelle den konzeptionellen Rahmen für die systematische Realisierung digitaler Geschäftsideen und die Erschließung neuer Geschäftsfelder schaffen, repräsentieren sie folglich das praktikable Instrumentarium zur Verwirklichung der digitalen Transformation des Energiesektors.

Als geeignetes Mittel zur Geschäftsentwicklung haben sich im Bereich der Wirtschaftswissenschaften differenzierte Geschäftsmodellkonzepte etabliert, die unter Verweis auf die umfangreichen Untersuchungen des Geschäftsmodellbegriffs im Schrifttum nachfolgend jedoch nicht expliziert werden. Stellvertretend für die in der deutschsprachigen Managementlehre existierenden Geschäftsmodellansätze seien dem interessierten Leser an dieser Stelle zur Vertiefung die *Business Model Canvas* von Osterwalder und Pigneur, das *Business Model* von Wirtz und das auf der anwendungsorientierten Theorie des St. Galler Management-Konzepts beruhende *Integrierte Geschäftsmodell* empfohlen.[2]

---

[1] Vgl. Doleski (2014b, S. 5 f.).

[2] Vgl. Osterwalder und Pigneur (2011); Wirtz (2011); Doleski (2014b).

5.2   Praktikables Werkzeug zur Geschäftsmodellentwicklung – das Integrierte Geschäftsmodell iOcTen

In der modernen Managementlehre existieren zahlreiche Geschäftsmodellansätze, die allesamt ihre Tauglichkeit in den unterschiedlichen Anwendungsfällen unter Beweis gestellt haben. Allerdings greifen diese gängigen Modelle gerade im Hinblick auf die Berücksichtigung insgesamt unbeständiger Rahmenbedingungen und spezifischer Anforderungen der digitalen Welt von morgen mitunter zu kurz. Erste Erfahrungen von Akteuren energiewirtschaftsferner Branchen und Vorreitern aus dem Energieumfeld lassen den Schluss zu, dass die digitale Transformation mit einer deutlichen Komplexitätszunahme auch im Bereich der Energieversorgung einhergehen dürfte. Zur notwendigen Beherrschung dieser Komplexität bedarf es jedoch „leistungsfähiger Instrumente, die alle wesentlichen Parameter ökonomischen Handels in ausgewogener Form berücksichtigen und in eine ganzheitliche Lösung überführen. Ein probates Mittel beim Umgang mit Komplexität stellt neben der systematischen Strukturierung vielschichtiger, heterogener Zusammenhänge insbesondere die umfassende Integration aller für die Geschäftstätigkeit"[3] in der digitalen Zukunft relevanten Einflussfaktoren und Restriktionen dar. Demnach fällt besonders der *Integrationsidee* bei der Beherrschung von Komplexität und Unsicherheit im unternehmerischen Kontext die Schlüsselrolle zu.

An dieser Stelle setzt das anwendungsorientierte *St. Galler Management-Konzept* an. Es zeichnet sich explizit durch die Fähigkeit aus, vielfältige Einflüsse aus allen Managementbereichen ganzheitlich zu betrachten und so umfassend zu berücksichtigen. Entscheidern liefert es ein praktikables Denkmuster für den Umgang mit komplexen Rahmenbedingungen und unbeständigen Marktumfeldern, also exakt den Umfeldbedingungen, die den Energiesektor seit Jahren prägen. Wird dieses ursprünglich primär auf Fragen der allgemeinen Unternehmensführung fokussierte Konzept auf den Geschäftsmodellkontext übertragen, so erhält das Management von Versorgungsunternehmen jeder Art und Größe ein praktikables Werkzeug zur Entwicklung digitaler Geschäftsmodelle.[4]

Integriertes Geschäftsmodell iOcTen

Die digitale Transformation wird an der Energiewirtschaft nicht spurlos vorüberziehen. Mit der Verschmelzung von realer und digitaler Welt werden gängige Geschäftsmodelle um Strom und Gas in Frage gestellt oder gänzlich obsolet. Han-

---

[3] Doleski (2014a).

[4] Vgl. Doleski (2014a).

deln, lautet das Gebot unserer Zeit, denn groß „ist die Gefahr, vor der ‚Druckwelle' hergetrieben zu werden und das Heft des Handelns aus der Hand zu geben.“[5] Gefragt ist ein flexibles, anwendungsorientiertes Werkzeug, mit dessen Unterstützung Manager, Business Developer und Organisationsentwickler intuitiv die der Digitalisierung inhärente Komplexität beherrschen und gleichzeitig innovative digitale Produkte und Dienstleistungen erfolgreich im jeweiligen Marktsegment etablieren können.

Als geeignetes Instrumentarium zur Geschäftsmodellentwicklung schlägt der Autor das Integrierte Geschäftsmodell iOcTen vor. Es basiert auf dem eingangs dieses Abschnitts erwähnten ganzheitlichen St. Galler Management-Konzept von Knut Bleicher, welches auf dem Systemansatz basiert, der unter anderem von Hans Ulrich an der Universität St. Gallen entwickelt wurde.[6]

Die zentrale Stärke des Integrierten Geschäftsmodells liegt in der transparenten Architektur des Modells selbst begründet. Es ist grundsätzlich integrativ und offen konstruiert. So engt es den Anwender nicht von vornherein auf bestimmte Geschäfte, Ausschnitte der Wertschöpfungskette usw. ein. Als universeller Modellansatz integriert es umfassend die Anforderungen des normativen, strategischen und operativen Managements, indem es jeder dieser drei Dimensionen der Unternehmensführung explizit Modellkomponenten eigens zuweist.[7]

Insbesondere die flexible und offene Konstruktion des Integrierten Geschäftsmodells ist in besonderer Weise geeignet, die Transformation klassischer Versorger zu Utilities 4.0 zu ermöglichen. Schließlich existiert nicht das eine gültige Geschäftsmodell, welches für alle Energieversorgungsunternehmen gleichermaßen erfolgversprechend wäre. Ein geeignetes Geschäftsmodellkonzept muss die vielfältigen Einflüsse und Parameter, denen sich Energieversorger an der Schwelle zur Digitalisierung konfrontiert sehen, ganzheitlich betrachten und umfassend berücksichtigen. Pauschale, starre Instrumentarien geraten spätestens beim Realitätscheck hier schnell an ihre Grenzen.

Wie Abb. 5.1 illustriert, setzt sich das Integrierte Geschäftsmodell iOcTen aus insgesamt fünf ineinandergreifenden Modellkomponenten zusammen: Idee, Umfeld, Modellkern, Entwicklungspfad und Erfolg. Dank dieser strukturverleihenden *Komponenten* ermöglicht das Modell „die umfassende Berücksichtigung aller erfolgskritischen Einflussfaktoren und Zusammenhänge betrieblicher Leistungser-

---

[5] Lohnert (2013, S. 84).

[6] Vgl. Bleicher (2011, S. 85).

[7] Doleski (2014b, S. 14).

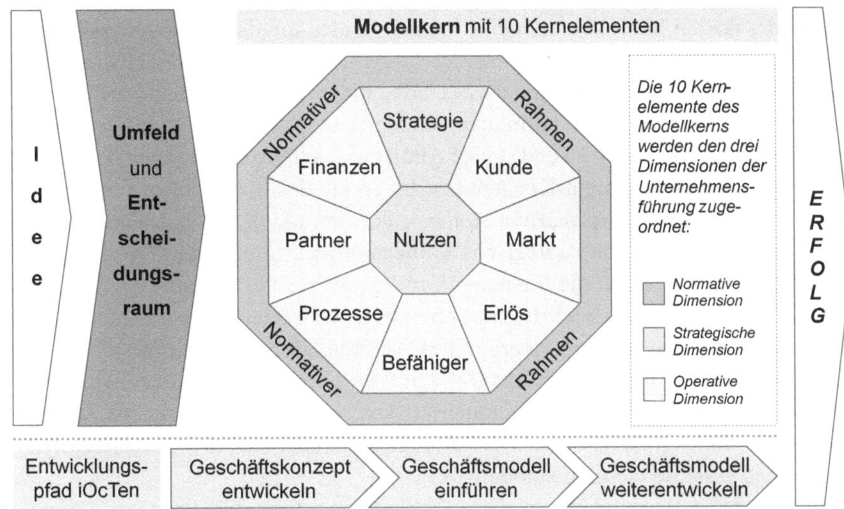

Abb. 5.1 Integriertes Geschäftsmodell iOcTen (schematisch)

stellung."[8] Als standardisierte Methode zur Geschäftsentwicklung unterstützt es Energieversorgungsunternehmen der zweiten (Utility 2.0) und dritten (Utility 3.0) Evolutionsstufe bei der aktiven Gestaltung ihrer ökonomischen Zukunft in der Art, dass es dem Management ein dienliches Instrumentarium zur praktikablen Entwicklung digitaler Geschäftsmodelle an die Hand gibt.

Am Anfang der Entwicklung digitaler Geschäftsmodelle steht entweder die mehr oder weniger diffuse Überzeugung, dass sich im Zuge der digitalen Transformation der Energiewirtschaft auch das eigene Versorgungsunternehmen „irgendwie" ändern muss, oder bereits eine erste, konkrete *Idee* davon, welche potenziellen Produkte und Dienstleistungen in der Zukunft angeboten werden sollen.

Da ein Großteil der unternehmerischen Entscheidungen im Energiesektor von externen Vorgaben und Trends aus Politik, Regulierung sowie Gesellschaft beeinflusst wird, fällt der systematischen Berücksichtigung des *Umfelds* bei der Geschäftsmodellentwicklung eine wesentliche Bedeutung zu. Immerhin fungieren die in Kap. 2 skizzierten energiewirtschaftlichen Rahmenbedingungen aus Sicht von EVU und EDU ähnlich einem „Gestaltungsraum", der das Set möglicher Handlungsoptionen vorgibt, innerhalb dessen das Management agieren kann. Folgerichtig stellt im vorgeschlagenen integrierten Modellansatz iOcTen die Komponente Umfeld die Berücksichtigung der vielfältigen Umwelteinflüsse und Erwartungen relevanter Stakeholder sicher.

---

[8] Doleski (2014a).

Bei der dritten Modellkomponente handelt es sich um den aus zehn konstituierenden *Elementen* bestehenden *Kern* des Integrierten Geschäftsmodells. Er dient der umfassenden Beschreibung der Geschäftstätigkeit. Dabei bilden die Elemente des Modellkerns jeweils die normative, strategische und operative Dimension des Managements vollständig ab und stellen damit zugleich den konzeptionellen Bezug zum St. Galler Management-Konzept her. Innerhalb des Modellkerns repräsentieren das erste Element *Normativer Rahmen* die normative, die Elemente *Nutzen* und *Strategie* jeweils die strategische Dimension des integrierten Geschäftsmodells. Schließlich werden die Elemente *Kunde*, *Markt*, *Erlös*, *Befähiger*, *Prozesse*, *Partner* und *Finanzen* im iOcTen der operativen Betrachtungsebene zugeordnet. Grafisch gruppieren sich im integrierten (**i**) Geschäftsmodell in Form eines regelmäßigen Achtecks oder Octagons (**Oc**) acht der zehn (**Ten**) vorgenannten Kernelemente um den im Zentrum positionierten *Nutzen* und das einrahmende Element *Normativer Rahmen*. Aus dieser Darstellungsform leitet sich die Benennung *iOcTen* für das gesamte Geschäftsmodell ab.

Die Modellierung und strukturierte Weiterentwicklung digitaler Geschäftsmodelle erfolgt mittels der Komponente *Entwicklungspfad*. Dieser im nachfolgenden Kap. 6 detailliert beschriebene Modellbestandteil repräsentiert den dynamischen Faktor des Integrierten Geschäftsmodels iOcTen.

Als letzte der insgesamt fünf Modellkomponenten repräsentiert schließlich der *Erfolg* das Resultat der geschäftlichen Tätigkeit und folglich die eigentliche Outputgröße des Geschäftsmodells bzw. der Geschäftstätigkeit.[9]

---

[9] Vgl. Doleski (2014b, S. 15 ff.).

Leitfaden – der Weg vom Energieversorgungs- zum digitalen Energiedienstleistungsunternehmen

6

In einem sich dynamisch verändernden Umfeld sichern speziell Geschäftsmodell-innovationen die langfristige Wettbewerbsfähigkeit von Unternehmen. Dieses Paradigma des Innovationsmanagements gilt fraglos auch für die Entwicklung von Utility 4.0. Neuartige Geschäftsmodelle und innovative Geschäftsideen für die digitale Welt von morgen flankieren den Weg vom Energieversorgungs- zum Energiedienstleistungsunternehmen – ein komplexer Umwandlungsprozess, der nur mit Hilfe eines systematischen Vorgehens – eines pragmatischen *Leitfadens* – erfolgreich durchlaufen werden kann. Managern, Strategen und Organisations-entwicklern der Versorgungswirtschaft eine taugliche Methodik zur Entwicklung zukunftsfähiger, digitaler Geschäftsmodelle an die Hand zu geben, ist Anspruch des Integrierten Geschäftsmodells iOcTen.

Wie Abb. 6.1 schematisch zeigt, werden im Integrierten Geschäftsmodell insgesamt drei Stadien der Geschäftsmodellentwicklung unterschieden: *Konzeptentwicklung, Modelleinführung* und *Modellinnovation*. Alle Stadien repräsentieren in ihrer Gesamtheit das *dynamische Element* des Modells. Diesen Stadien oder vielmehr den ihnen untergeordneten Phasen Ideenfindung, Analyse, Konzeption, Implementierung und Verbesserung werden die in Abschn. 5.2 vorgestellten zehn Elemente des Modellkerns sequenziell zugeordnet. Wesentlicher Vorzug des iOcTen bei der Weiterentwicklung des Energieversorgungssystems ist, dass Entscheider und Business Developer mit Hilfe dieser zehn Kernelemente schon zu Beginn des für gewöhnlich komplexen Innovationsprozesses einen strukturierten Design- und Auswahlprozess potenzieller Geschäftsmodelle evozieren können. Darüber hinaus wird in Anbetracht der lückenlosen Zuordnung aller Elemente zu den Entwicklungsphasen die virulente Gefahr, während des Designprozesses essentielle Faktoren zu vergessen oder scheinbar nebensächliche Aspekte leichtsinnig zu ignorieren, erheblich abgeschwächt. Nicht zuletzt entfällt bei konsequenter Anwendung des auf den Folgeseiten vorgeschlagenen Leitfadens die Notwendig-

© Springer Fachmedien Wiesbaden 2016
O. D. Doleski, *Utility 4.0,* essentials, DOI 10.1007/978-3-658-11551-7_6

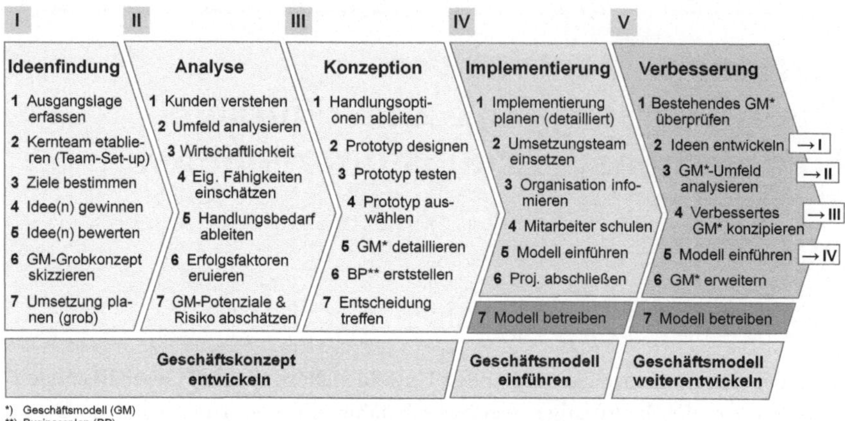

Abb. 6.1 Entwicklungspfad im Integrierten Geschäftsmodell iOcTen

keit, den Prozess der Geschäftsmodellentwicklung komplett durchlaufen zu müssen, weil „gerade durch das strukturierte Vorgehen mögliche Schwächen und die Misserfolgswahrscheinlichkeit aufgezeigt werden können. In diesem Fall sollte der Entrepreneur entsprechende Exit-Strategien in Betracht ziehen, sofern die entscheidenden Schwächen bei der Business Model-Idee im Rahmen des Prozesses nicht eliminiert werden können."[1]

Phase I: Ideenfindung

Die Transformation vom Versorgungs- zum digitalen Energiedienstleistungsunternehmen vollzieht sich gemeinhin in mehreren logisch aufeinanderfolgenden Schritten. Am Anfang steht zunächst eine zumeist vage Vorstellung, dass sich angesichts externer Rahmenbedingungen und schrumpfender Marktanteile im herkömmlichen Liefergeschäft „etwas" ändern muss. Diesem initialen Gefühl eines gewissen Unbehagens folgt die eigentliche Ideenfindungsphase, die in der Regel mit der *Erfassung der Ausgangslage* [I-1] beginnt. Dabei werden neben der Feststellung des Status quo des Unternehmens und der Erfassung relevanter Rahmenbedingungen vor allem die Auswirkungen des Digitalisierungstrends auf das existierende Geschäftsmodell eruiert. Parallel erfolgt in dieser frühen Phase der Ideenfindung die *Etablierung des Kernteams* [I-2], das den weiteren Prozess der Geschäftsmodellentwicklung betreuen wird. Da die Zusammenstellung des Kernteams den Erfolg der Transformationsinitiative maßgeblich beeinflusst, ist bei der Personalauswahl

---

[1] Wirtz (2011, S. 233 f.).

darauf zu achten, dass die Teammitglieder eine prinzipiell positive Einstellung zum digitalen Wandel mitbringen und sowohl die richtigen Sozial- als auch Fachkompetenzen besitzen.

Nachdem die mit der Geschäftsmodellentwicklung verbundenen *Ziele bestimmt* [I-3] wurden, erfolgt die systematische *Ideengewinnung* [I-4]. Einmal abgesehen von hin und wieder eher zufällig entstehenden Geschäftsideen erfolgt die Ideenfindung meistens über die Anwendung standardisierter Kreativitätstechniken. Im Anschluss an die Ideengenerierung geschieht deren *Bewertung* [I-5]. Sollten im Rahmen der Ideengewinnung mehrere auf den ersten Blick taugliche Geschäftsideen resultieren, so können aus Wirtschaftlichkeitserwägungen heraus selbstverständlich nicht alle Ideen gleichermaßen eingehend betrachtet werden. Im Integrierten Geschäftsmodell iOcTen erfolgt daher die erforderliche Auswahl der zu diesem Zeitpunkt noch vorläufigen Ideen in zwei Schritten. Zunächst werden Umsetzbarkeit und Sinnhaftigkeit der neuen Idee mit Hilfe der Modellkomponente Entscheidungsraum sowie des Kernelements *Normativer Rahmen* sondiert. Im Anschluss daran wird die Idee auf ihre unmittelbare Nützlichkeit für Kunden und Geschäftspartner (Nutzenversprechen) hin überprüft.

Die initiale Phase der Ideenfindung schließt unter Zuhilfenahme der drei Kernelemente *Normativer Rahmen*, *Nutzen* und *Strategie* mit einer *Skizze* eines *Grobkonzepts* [I-6] des intendierten digitalen Geschäfts und einer groben *Umsetzungsplanung* [I-7] ab.

Phase II: Analyse

In der Analysephase erfolgt die eingehende Untersuchung des Kontextes, in dem sich das neue Geschäftsmodell entwickeln wird. Angesichts der herausragenden Bedeutung des Kundennutzens für den späteren Erfolg einer Geschäftsidee werden initial die Interessen und Ziele potenzieller *Kunden* oder Geschäftspartner mit Hilfe der beiden Kernelemente *Nutzen* und *Kunde* eingehend analysiert und entsprechende Ableitungen aus dieser Begutachtung vollzogen [II-1]. Dabei fällt der Verbesserung des Kundenerlebnisses dank digitaler Lösungen (Digital Customer Experience) eine Schlüsselfunktion bei der Existenzsicherung heutiger Versorgungsunternehmen zu. Die Möglichkeit der Digitalisierung konsequent im energiewirtschaftlichen Kontext angewandt ermöglicht, dass Versorger ihren Kunden in Zukunft individualisierte bis hin zu personalisierten Services anbieten können und über eine echte bidirektionale Kommunikation mit diesen in Austausch treten werden.

Nachdem die Analyse den Kundennutzen des neuen, digitalen Geschäftsmodells prinzipiell bestätigt hat, werden in der anschließenden *Umfeldanalyse* die während der Ideenfindungsphase gewonnenen Ergebnisse des Entscheidungsraums in Bezug auf relevante Branchen- und Marktparameter unter Zuhilfenahme des Kernelements *Markt* analysiert [II-2]. Der Analyse des Geschäftsmodellumfelds folgt unmittelbar die Untersuchung der *Wirtschaftlichkeit* des neuen Angebots aus Sicht des Kunden und nicht zuletzt auch des eigenen Unternehmens [II-3].

Neue Geschäftsideen oder genauer ihre Umsetzung scheitern mitunter an unzureichender *Ressourcenausstattung* seitens der sie anbietenden Unternehmen. Folgerichtig müssen sich Entscheider noch vor der eigentlichen Umsetzungsentscheidung unter Einbeziehung der Elemente *Befähiger*, *Partner* und *Finanzen* Klarheit über die *Fähigkeiten* und Mittel ihres eigenen Unternehmens und Netzwerks verschaffen [II-4]. Aus der Erkenntnis eigener Fähigkeiten und unter Zuhilfenahme von Daten aus der Ideenfindungsphase wird sodann der konkrete *Handlungsbedarf abgeleitet* [II-5] und werden die *kritischen Erfolgsfaktoren* des Geschäftsmodells erhoben [II-6]. Den Abschluss der Analysephase bildet eine vorläufige *Potenzialabschätzung* des späteren Geschäftsmodells [II-7].

Phase III: Konzeption

Zu Beginn der Konzeptionsphase werden die aus Unternehmenssicht prinzipiell denkbaren *Handlungsoptionen abgeleitet* und jeweils durchleuchtet [III-1]. Da sich Erfolgsfaktoren komplementär zu Handlungsbedarfen verhalten, lassen sich aus ihrer direkten Inbezugsetzung die denkbaren Handlungsoptionen bestimmen. Dazu greift die dritte die Ergebnisse der vorgelagerten beiden Phasen Ideenfindung und Analyse systematisch auf.

Sobald sowohl die Ergebnisse der Ideenfindungs- und Analysephase aufbereitet als auch die Optionen für wirtschaftliches Handeln bekannt sind, erfolgt auf dieser Grundlage das *Design* von ein oder mehreren Feinkonzepten oder Prototypen [III-2]. Anschließend werden diese Konzepte oder Prototypen nach Möglichkeit unter Marktbedingungen *getestet*. Sollte sich ein Test im realen Marktumfeld nicht durchführen lassen, muss zumindest ein Test unter Laborbedingungen stattfinden [III-3]. „Diese Tests sind von gravierender Bedeutung, da sie möglicherweise vorhandene Mängel von Konzepten frühzeitig aufzudecken vermögen. Sollten im Rahmen des Prototyping gravierende Mängel im Konzept zutage treten, so müssen alternative Lösungswege oder im Einzelfall sogar neue Geschäftskonzepte entworfen und somit der gesamte Entwicklungsprozess erneut durchlaufen werden."[2] Mit der finalen *Auswahl* der im Alternativenvergleich am besten geeigneten Lösung endet das Prototyping [III-4].

Zum Ende der Konzeptionsphase erfolgt die eingehende Untersuchung der vier Kernelemente *Befähiger*, *Prozesse*, *Partner* und *Finanzen* mit dem Ziel, Inhalt und

---

[2] Doleski (2014c, S. 686 f.).

Wertschöpfung des nunmehr präferierten Geschäftsmodells *en détail* festzulegen [III-5]. Im Anschluss daran wird für „die zuvor konzeptionierten Entwicklungspfade bzw. Prototypen [...] jeweils ein Business Plan erstellt. Der Business Plan wird dabei zur detaillierten Wirtschaftlichkeitsprüfung der einzelnen Geschäftsmodelle genutzt und kann Detailschwächen aufdecken"[3] [III-6]. Anhand der ausgearbeiteten Businesspläne trifft das Management die abschließende *Entscheidung*, welche der zuvor eruierten Konzepte schlussendlich in ein reales Geschäftsmodell überführt und infolgedessen umgesetzt werden [III-7].

Phase IV: Implementierung
Im Rahmen der vierten Phase der Geschäftsmodellentwicklung geschieht die Überführung des Geschäftskonzepts in die Praxis. Auf Basis der groben Umsetzungsplanung aus der Ideenfindung und den Arbeitsergebnissen der Konzeptionsphase erfolgt zu Beginn der vierten Phase zunächst die *Detaillierung der Implementierungsplanung* [IV-1]. Anschließend wird das *Umsetzungsteam*, dem im Unterschied zum in Phase I zuvor etablierten Kernteam die operative Umsetzung der Implementierung obliegt, bestimmt und offiziell eingesetzt [IV-2].

Unmittelbar nach der Detailplanung sowie der Einsetzung des Umsetzungsteams sind die internen und externen Anspruchsgruppen und Betroffenen über die anstehende Implementierung des neuen Geschäftsmodells zu *informieren* [IV-3]. Darüber hinaus ist im Zuge der Modelleinführung eine flankierende *Schulung der Mitarbeiter* empfohlen oder je nach Grad der Veränderung sogar zwingend notwendig [IV-4].

Die Implementierungsphase endet mit der *Einführung* des neuen Geschäftsmodells [IV-5] und dem formalen *Projektabschluss* [IV-6]. Idealtypisch dient ein strukturierter Projektabschluss einerseits der Kontrolle der Projektzielerreichung und andererseits der Erstellung eines Abschlussberichts, der die während der Geschäftsmodellentwicklung gewonnenen Erfahrungen und Erkenntnisse im Sinne von Lessons Learned zusammenfasst.

Phase V: Verbesserung
Bereits mehrfach wurde in diesem Text darauf verwiesen, dass viele der über Jahrzehnte hinweg erfolgreichen Geschäftsmodelle des Energiesektors mit Einsetzen der digitalen Transformation zusehends unter Druck geraten. Digitalisierung und Dezentralisierung tangierenden zukünftig nahezu alle Bereiche eines Energieversorgungsunternehmens; beide Trends beherrschen bereits vielerorts die energiewirtschaftlichen Fachdiskussionen dieser Tage. Angesichts erheblich geänderter

---

[3] Wirtz (2011, S. 235 f.).

Rahmenbedingungen, steigenden Wettbewerbsdrucks und technologischer, mitunter disruptiver Entwicklungen kann sich das Management moderner Energieversorger nicht mehr alleine darauf beschränken, sich auf diese Bedingungen lediglich reaktiv einzustellen. Vielmehr sind Entscheider energiewirtschaftlicher Unternehmen mehr denn je aufgefordert, das eigene Produkt- und Dienstleistungsangebot fortlaufend zu überprüfen und an die dynamischen Rahmenbedingungen aktiv anzupassen.

Das Integrierte Geschäftsmodell wird der Forderung nach persistenter Geschäftsmodellinnovation über das eigens für diesen Zweck geschaffene dritte Entwicklungspfadstadium *Weiterentwicklung* in besonderer Weise gerecht. Der systematische Prozess beginnt dabei mit der kontinuierlichen Beobachtung und *Überprüfung* des bestehenden Geschäftsmodells [V-1]. Zu diesem Zweck wird das zu untersuchende Leistungsangebot anhand der zehn Kernelemente des iOcTen im Detail analysiert und bewertet.

Sollte die initiale Prüfung ergeben, dass das etablierte Geschäftsmodell den Marktanforderungen nicht mehr genügt und dementsprechend angepasst (evolutorische Weiterentwicklung) oder gar völlig neu designt (radikale Komplettüberholung) werden muss, findet über eine Rückkopplung zur Ideenfindungsphase die Suche und *Entwicklung neuer Geschäftsideen* statt [V-2].

Im Anschluss an die Überprüfung des existierenden Geschäftsmodells und der anschließenden Entwicklung neuer Ideen erfolgt in Form einer Rückkopplung zur Analysephase die Untersuchung des für die Geschäftstätigkeit relevanten *Umfelds* [V-3]. Im weiteren Verlauf des Innovationsprozesses wird ein neues, *verbessertes Geschäftsmodell konzipiert* [V-4]. Da sich dieser vierte Schritt seinerseits als Rückkopplung zur Konzeptionsphase vollzieht, beinhaltet er in der Regel sowohl Entwurf als auch Test mindestens eines Prototyps inklusive einer abschließenden Entscheidungsphase.

Vorausgesetzt, das Management hat die Umsetzung der Geschäftsmodellinnovation beschlossen, geschieht, je nachdem ob es sich um eine Komplettüberholung oder eine Weiterentwicklung des ursprünglichen analogen Geschäftsmodells handelt, entweder die *Einführung* eines völlig neuen [V-5] oder die *Erweiterung* des bestehenden Geschäftsmodells [V-6].

Fazit 7

Vor dem Hintergrund stetig steigender Kosten, der Forderung nach Dekarbonisierung der Energieerzeugung und einer Diskussion um die langfristige Versorgungssicherheit hat sich aus dem früheren Low-Interest-Produkt Versorgung ein gesellschaftspolitisch höchst relevantes Thema entwickelt. Insofern mutiert die Versorgungswirtschaft von einer beinahe vergessenen hin zu einer der meistbeachteten Branchen unserer Zeit. Dabei stellt Utility 4.0 den vorläufigen Endpunkt einer in der Pionierphase der Energiewirtschaft gegen Ende des 19. Jahrhunderts begonnenen und bis dato fortdauernden Entwicklung dar – ein kontinuierlicher Prozess, an dessen Beginn Versorgungswerke und Energieverteilungsunternehmen Strom und Gas verteilten und an dessen Ende die Kunden mit ihren vielfältigen Erwartungen im Fokus des wirtschaftlichen Handelns stehen. Insofern avancieren die Kundenbedürfnisse und ihre Befriedigung zur primären Einflussgröße unternehmerischer Entscheidungen in der Energiewelt von morgen.

Mit Utility 4.0 vollzieht sich vor unseren Augen die Transformation vom traditionellen Versorgungs- zum digitalen Energiedienstleistungsunternehmen. Digitalisierung und Dezentralisierung sind dabei die maßgeblichen Treiber eines epochalen Veränderungsprozesses, der das Energiesystem in seiner Gesamtheit umfasst und das Erscheinungsbild dieses Wirtschaftssektors in den kommenden Jahren nachhaltig bestimmen wird. Traditionelle Energieversorgungsunternehmen (Utility 2.0) und selbst die moderneren Energiedienstleistungsunternehmen (Utility 3.0) sind bislang auf diesen Wandlungsprozess nicht vollumfänglich eingestellt. Sie müssen ihre Geschäftsmodelle komplett überdenken und auf ihre Tauglichkeit in der digitalen Welt hin kritisch überprüfen. Als nützliches Instrumentarium zur Begleitung dieses komplexen Prozesses wird dem Leser das Integrierte Geschäftsmodell iOcTen zur Anwendung empfohlen. Wie diese Transformation in der unternehmerischen Praxis vonstattengehen kann, beschreibt dieses Buch.

© Springer Fachmedien Wiesbaden 2016
O. D. Doleski, *Utility 4.0*, essentials, DOI 10.1007/978-3-658-11551-7_7

Utility 4.0 ermöglicht dank der Verschmelzung von Energiemarkt und Informationstechnologie die Realisierung gänzlich neuer Geschäftsmodelle und die Ausgestaltung innovationsfreundlicher Netzwerke entlang der gesamten energiewirtschaftlichen Wertschöpfungskette. Angesichts des stark anwachsenden Anteils volatiler Erneuerbarer Energien am Energiemix ist die Fähigkeit digitaler Utility 4.0 bemerkenswert, direkt zur Verbesserung der Versorgungssicherheit durch leistungsfähigere Steuerungs- und Prognoseverfahren beizutragen. Damit leisten Utility 4.0 nicht zuletzt auch einen signifikanten Beitrag zum Gelingen der Energiewende.

Was Sie aus diesem Essential mitnehmen können

- Ein gutes Verständnis dienstleistungsorientierter Versorgungsunternehmen der vierten, digitalen Evolutionsstufe (Utility 4.0)
- Eine Skizze eines dienlichen Instrumentariums zur Umsetzung der Transformation vom Versorgungs- zum digitalen Energiedienstleistungsunternehmen
- Eine strukturierte Anleitung zur systematischen Entwicklung digitaler Geschäftsideen und modelle in der Energiewirtschaft

© Springer Fachmedien Wiesbaden 2016

O. D. Doleski, *Utility 4.0*, essentials, DOI 10.1007/978-3-658-11551-7

Literatur

Bleicher, K. (2011): Das Konzept Integriertes Management. Visionen – Missionen – Programme, Campus, Frankfurt am Main, 8. Aufl.

Böddeker, M. (2012): Vom Energieversorger zum Energiedienstleister. In: Zeitschrift für Energie, Markt, Wettbewerb (emw), Nr. 5, Oktober 2012, S. 16–18.

Budde, O. und Golovatchev, J. (2014): Produkte des intelligenten Markts. In: Aichele, C., Doleski, O.D. (Hrsg.), Smart Market – Vom Smart Grid zum intelligenten Energiemarkt. Wiesbaden, Springer Vieweg, S. 593–620.

Bundesnetzagentur (2011): „Smart Grid" und „Smart Market". Eckpunktepapier der Bundesnetzagentur zu den Aspekten des sich verändernden Energieversorgungssystems, Bonn, Dezember 2011.

Doleski, O.D. (2014a): Wenn Ihr Geschäftsmodell nicht richtig greift. In: Springer für Professionals, 11. Nov. 2014. http://www.springerprofessional.de/wenn-ihr-geschaeftsmodell-nicht-richtig-greift/5363088.html. Zugegriffen: 01.07.2015.

Doleski, O.D. (2014b): Integriertes Geschäftsmodell – Anwendung des St. Galler Management-Konzepts im Geschäftsmodellkontext. Essentials, Wiesbaden: Springer Gabler.

Doleski, O.D. (2014c): Entwicklung neuer Geschäftsmodelle für die Energiewirtschaft – das Integrierte Geschäftsmodell. In: Aichele, C., Doleski, O.D. (Hrsg.), Smart Market – Vom Smart Grid zum intelligenten Energiemarkt. Wiesbaden, Springer Vieweg, S. 643–703.

Doleski, O.D. und Aichele, C. (2014): Idee des intelligenten Energiemarktkonzepts. In: Aichele, C., Doleski, O.D. (Hrsg.), Smart Market – Vom Smart Grid zum intelligenten Energiemarkt. Wiesbaden, Springer Vieweg, S. 3–51.

Doleski, O.D. und Liebezeit, M. (2013): Rolloutlogistik: Vom Einkauf bis zum angebundenen Zähler. In: Aichele, C. und Doleski, O.D. (Hrsg.): Smart Meter Rollout – Praxisleitfaden zur Ausbringung intelligenter Zähler, Wiesbaden, Springer Vieweg, S. 209–267.

Edelmann, H. (2014): Nachhaltige Geschäftsmodelle für Stadtwerke und EVU – Stadtwerkestudie Juni 2014, Ernst & Young GmbH (Hrsg.).

Engel, D. (2015): Die Digitalen kommen. In: Springer für Professionals, 27. Apr. 2015. http://www.springerprofessional.de/die-digitalen-kommen/5693320.html. Zugegriffen: 01.07.2015.

Esser, M.R. (2014): Digitale Transformation in der Energiewirtschaft, 20. Sep. 2014. http://www.strategy-transformation.com/digitale-transformation-energiewirtschaft/. Zugegriffen: 01.07.2015.

© Springer Fachmedien Wiesbaden 2016

O. D. Doleski, *Utility 4.0*, essentials, DOI 10.1007/978-3-658-11551-7

Gerhardt, N. et al. (2014): Geschäftsmodell Energiewende – Eine Antwort auf das „Die-Kosten-der-Energiewende"-Argument, Fraunhofer-Institut für Windenergie und Energiesystemtechnik IWES, Kassel.

Keser, M. (2012): Effizienzdienstleistungen – (k)ein Geschäft für Stadtwerke? In: Zeitschrift für Energie, Markt, Wettbewerb (emw), Nr. 6, Dezember 2012, S. 36–40.

Lohnert, K. (2013): Beschleunigung der Transformation vom Energieversorger zum Energiedienstleister. In: Aichele, C. und Doleski, O.D. (Hrsg.): Smart Meter Rollout – Praxisleitfaden zur Ausbringung intelligenter Zähler, Wiesbaden, Springer Vieweg, S. 74–103.

Osterwalder, A., Pigneur, Y. (2011). Business Model Generation. Frankfurt am Main, Campus.

Reck, H.-J. (2012): Stadtwerke: nachhaltig und zukunftsfest. In: Zeitschrift für Energie, Markt, Wettbewerb (emw), Nr. 6, Dezember 2012, S. 6–9.

Rifkin, J. (2014): Die Null-Grenzkosten-Gesellschaft: Das Internet der Dinge, kollaboratives Gemeingut und der Rückzug des Kapitalismus, Frankfurt am Main, Campus.

Schönberger, M. (2015): Ressource Information als Schlüssel für den Energiesektor. In: Springer für Professionals, 17. Jun. 2015. http://www.springerprofessional.de/ressource-information-als-schluessel-fuer-den-energiesektor/5775732.html. Zugegriffen: 01.07.2015.

Wirtz, B.W. (2011). Business Model Management. Design – Instrumente – Erfolgsfaktoren von Geschäftsmodellen. 2. Aufl. Wiesbaden, Gabler.

Worthington, I. und Britton, C. (2006): The Business Environment, Pearson Education Verlag, 5. Aufl., Essex.